왕과 제사장

그리스도인의 사명과 영광

왕과 제사장

김진호 지음

"당신은 그리스도인으로서 무엇을 위해
어떻게 살아야 할 것인가에 대한
명확한 답을 찾게 될 것이다."

믿음의 말씀사

왕과 제사장

1판 1쇄 인쇄일 · 2007년 6월 11일
1판 1쇄 발행일 · 2007년 6월 14일

지 은 이 김진호
발 행 인 최순애
펴 낸 곳 믿음의 말씀사
주   소 경기도 성남시 분당구 이매동 137-3 동산쇼핑몰 306호
전화번호 (031)703-2294 FAX : 703-2298
홈페이지 http://www.jesuslike.org
출판등록 제68호 (등록일 2000. 8. 14)

ISBN 89-90836-47-6 03230
값 6,500원

목 차

저자 서문 ·· 6

제1장 그리스도인의 두 가지 역할 ················· 9

제2장 하나님의 동맹군대 ···························· 37

제3장 하나님을 위하여 왕이 되려면 ············ 53

제4장 하나님 왕국의 결산 기준 ··················· 75

제5장 왕의 계명과 보장 ······························ 97

제6장 왕의 영광 ·· 111

맺음말 ·· 129

저자 서문

아론은 제사장으로, 모세는 민족을 이끌어 갈 지도자로 부름 받았습니다. 교회 안에서는 제사장으로 부름 받은 사람과 왕으로 부름 받은 사람들이 있습니다. 물론 모든 성도가 왕과 제사장으로서의 역할을 동시에 감당하는 면도 있습니다. 그러나 그리스도의 몸인 교회에서는 제사장은 하나님으로부터 비전을 받아 전하고, 왕들은 그 비전을 이루기 위해 세상에 나가서 하나님의 나라를 확장하는 분업적 동맹이야말로 교회가 효과적으로 세상을 이기는 하나님 나라의 군대가 되기 위해서 필수적입니다.

이제 이 계시로 말미암아 예수님께서 오셔서 선포하신 "하나님 나라의 도래"는 오늘 살고 있는 우리에게도 구체적인 왕 중의 왕의 작전 명령으로 들리게 됩니다. 바울은 우리가 마지막 원수인 사망마저도 그리스도로 말미암아 이긴 것을 이렇게 말했습니다. "사망아 너의 승리가 어디 있느냐? ... 우리 주 예수 그리스도로 말미암아 우리에게 승리를 주시는 하나님께 감사하노니"(고전 15:55-57). 우리는 이제 부활하신 예수님께서 우리에게 주신 하나님의 생명인 "조에" 안에서 왕으로서 다스리는 삶을 살 수 있습니다.

"은혜와 의의 선물을 넘치게 받는 자들은 한 분 예수 그리스도를 통하여 생명 안에서 왕 노릇하리로다"(롬 5:17). 그리스도인은 이제 사망과 지옥과 마귀의 모든 권세까지 이기시고 부활하신 그리스도의 승리로 말미암아 정복자보다도 더 나은 승리하는 사람으로 살 수 있습니다. "그러나 이 모든 일에 우리를 사랑하시는 이로 말미암아 우리가 넉넉히 이기느니라"(롬 8:37).

이제 이 기본 진리를 알고서 성경을 읽으면 특히 구약 성경의 중심을 이루고 있는 선지자들의 예언과 왕들의 이야기가 신약 시대의 성도들에게 어떤 영적인 의미가 있는지 알게 될 뿐만 아니라, 왕으로서, 제사장으로서 사는 성도의 권세와 특권을 너무나 구체적으로 깨달을 수 있습니다. 하나님의 왕국의 왕과 제사장으로 부름 받은 우리에게 본이 되도록 구약 성경은 왕국 시대가 시작되면서 사무엘, 이사야, 예레미야 같은 선지자의 이름으로 기록된 많은 예언서들과 왕들의 역사를 기록한 열왕기, 역대기 같은 역사서들로 우리에게 풍부한 예와 자료를 주고 있습니다.

아직 책을 쓰기에는 자격도 준비도 부족하다고 여겨지지만, 여기에서 제가 나눈 간단한 계시로 말미암아 이 책의 계시를 토대로 성경을 읽을 때 하나님 나라의 왕과 제사장으로서 이 땅에서 승리하며 다스리고 살아가는 데 필요한 실제적이고 구체적인 많은 계시가 성도들에게 임하게 될 것을 믿고 기도합니다.

  2007년 초에 주일 설교를 통해 나눈 말씀들을 이렇게 손안에 드는 간결한 책으로 만들어 주신 박상래 집사님의 사랑의 수고와 열정에 깊은 감사를 드립니다.

주후 2007년 6월 9일

김 진 호
(분당 예닮교회 담임목사 · 예수선교사관학교장)

제 1 장

그리스도인의 두 가지 역할

　사도 바울은 우리에게 지혜와 계시의 영을 주셔서 부르심의 소망을 알게 해달라고 기도했다.[1] 이 기도는 모든 그리스도인들이 평생 동안 마음에 두고 해야 할 기도이다. 우리는 당장 생업으로 분주하고, 이런저런 일들로 인하여 하나님께 간구하고 싶은 것들이 많지만, 무엇보다도 부르심의 소망을 발견하기 위해 기도하고, 그 부르심의 소망과 관계되는 일을 하게 될 때 복된 삶을 살 수 있다.

　그리스도인이 부르심의 소망을 발견하고 그것을 좇아 사는 것이 왜 그렇게 중요한가? 여행을 가더라도 어디를 갈 것인가 목표가 있어야 하듯이, 우리가 무엇을 위해 사느냐는 삶의 목적을 가지는 것은 무엇보다도 중요하다. 하나님

---

[1] 에베소서 1:17~19 참조

은 우리를 목적을 가지고 지으셨고, 그 목적이 너무나 소중한 것이기 때문에 그 아들을 보내어 우리를 값 주고 사셔서 구원해 주셨다.

그러므로 우리는 이 땅에서 그리스도 예수의 피 값에 합당한 삶을 살아야 한다. 그래서 '하나님은 내가 하나님의 왕국인 이 교회를 통하여 어떤 일을 하기를 원하시는가? 하나님의 나라, 하나님의 군대에서 나는 어떤 직분을 감당할 것인가?' 라고 하는 것이 그리스도인으로서 우리가 가져야할 최고의 관심사가 되어야 할 것이다.

왕과 제사장으로 부르심

요한계시록을 보면 "그의 아버지 하나님을 위하여 우리를 나라와 제사장으로 삼으신 그에게 영광과 능력이 세세토록 있기를 원하노라."라고 한다.

> 계 1:5-6
> 우리를 사랑하사 그의 피로 우리 죄에서 우리를 해방하시고
> 그의 아버지 하나님을 위하여 우리를 나라와 제사장으로 삼
> 으신 그에게 영광과 능력이 세세토록 있기를 원하노라

예수님은 그분의 피로써 우리를 죄에서 해방시켜주셨고,

그로 말미암아 우리는 자유를 얻었다. 이제 우리는 자유인이다. 우리는 세상의 어떤 것과도 비교할 수 없는 복을 받았다. 죄의 종이었던 우리는 자유인이 되었다. 마귀의 자식이었던 우리는 하나님의 자녀가 되었다. 하나님의 축복과 보호하심과 모든 지혜가 우리와 함께 하며, 성령이 우리와 함께 하신다. 우리는 새 방언을 말한다. 예수님은 당신의 이름으로 무엇이든지 구하면 주신다고 했다.

그리고 예수님은 그의 아버지 하나님을 위하여 우리를 나라(Kings)와 제사장(Priests)으로 삼으셨다고 했다.2) 헬라어로 된 원문에서 '나라'는 '왕'이다. 우리를 왕과 제사장으로 삼았다는 것이다. 우리는 하나님 나라에 종으로 부름을 받은 것이 아니라, 하나님 나라에 왕과 제사장으로 부름을 받았다.

하나님의 자녀가 된 우리는 예수의 피로써 죄에서 해방되었을 뿐만 아니라, 모든 권세와 모든 축복을 가지게 되었다. 이런 특권을 가진 우리에게는 책임도 따른다. 우리는 예수를 모르고, 영원한 생명과 하나님 나라를 모르며, 천국에 대한 상급도 모르는 사람처럼 살 수는 없다. 우리는 무엇을 먹든

---

2) 요한계시록 1:6, 5:10. 여기서 '나라'는 헬라어 원문에 왕 (βασιλείαν) 으로 되어 있다. 계 1:6; καὶ ἐποίησεν ἡμᾶς βασιλείαν ἱερεῖς τῷ θεῷ καὶ πατρὶ αὐτοῦ αὐτῷ ἡ δόξα καὶ τὸ κράτος εἰς τοὺς αἰῶνας [τῶναἰώνων] ἀμήν KJV(킹제임스성경);And hath made us kings and priests unto God and his Father; to him glory and domination for ever and ever.

지, 무엇을 마시든지 하나님 나라를 위하여 살아야 한다. 그래서 우리가 이 땅에서 해야 할 일은 하나님이 주신 사명 곧, 왕과 제사장의 사명을 잘 감당하는 것이다.

그렇다면, 왕과 제사장은 원래 어떤 일을 하는 사람들이었는지 성경을 통해 알아보자.

제사장의 역할

구약시대에는 왕과 제사장이 있었다. 먼저, 제사장의 역할은 하나님을 섬기는 것이다.

아브람[3] 때에 멜기세덱이라는 제사장이 나타난다. 아브람이 자기의 종들을 데리고 나가서 그의 조카 롯을 잡아간 왕들을 쳐부수고 전리품을 가지고 올 때, 멜기세덱이라는 살렘[4]의 왕이자 하나님의 제사장이 나타난다.

> 창 14:14-16
> 아브람이 그의 조카가 사로잡혔음을 듣고 집에서 길리고 훈련된 자 삼백십팔 명을 거느리고 단까지 쫓아가서 그와 그의 가신들이 나뉘어 밤에 그들을 쳐부수고 다메섹 왼편 호바까지 쫓아가 모든 빼앗겼던 재물과 자기의 조카 롯과 그의 재물과 또 부녀와 친척을 다 찾아왔더라

---

3) 아브라함. 창세기 17:5, 느헤미야 9:7 참조
4) 예루살렘의 옛 명칭. 시편 76:2 참조

멜기세덱은 지극히 높으신 하나님이 함께 하셨기 때문에 아브람이 그 전쟁에서 이기게 되었다는 것을 알려주고, 그 하나님의 이름으로 아브람을 축복한다. 축복을 받은 아브람은 전리품의 십분의 일을 멜기세덱이라는 제사장에게 준다. 이 멜기세덱이 최초의 제사장이다.

아브람은 이삭을 낳고, 이삭은 야곱을 낳고, 야곱은 열두 아들을 낳는데, 그 열두 아들 중에 한 사람이 레위다. 하나님은 이 레위의 후손들을 제사장으로 구별해놓으셨다. 그래서 나중에 모세를 통해 레위 족은 제사장이 되도록 했고 그들은 하나님을 섬기는 일을 했다.

구약시대에 제사장들이 하나님을 섬기는 일이란 성막을 세우고, 성막을 뜯어 둘둘 말고, 그것을 들고 다니고, 소나 양을 잡아 번죄를 드리고, 불 때고 청소하고, 밤새도록 촛불이 꺼지지 않도록 지키고, 빵을 굽고, 아침마다 새 빵을 갖다 놓고 하는 일들을 했다. 그리고 일 년에 딱 한 번 속죄일이 되면, 대제사장은 자기의 죄와 백성들의 죄를 용서받기 위해 짐승의 피를 가지고 지성소에 들어가는 일을 했다.

그러나 지금은 예수님이 영원한 속죄양이 되어 마지막 제물이 되셨기 때문에, 제사장은 양을 잡지 않아도 되며, 그 대신 찬미의 제사를 드린다. 이제 제사장은 그리스도 예수께서 우리를 구원하기 위하여 십자가에 죽으신 것을 하나님께 감사하고, 하나님께 기도하며, 하나님의 말씀을 대언하는 일을 한다.

왕의 역할

왕의 역할은 하나님의 백성을 섬기는 것이다. 사울은 이스라엘의 첫 번째 왕이 되었다. 사울은 아주 잘생기고, 키는 보통 사람보다 어깨 위 즉, 머리 하나만큼이 더 크다고 했다. 당시 백성을 섬기는 왕의 역할은 전쟁을 하는 것이었다. 사울이 왕이 되기 전이나 왕이 되고 나서도 계속 전쟁을 했다. 또, 사울에 이어서 왕이 된 다윗도 마찬가지였다.

창세기로 돌아가 보면, 아브람이 조카 롯을 찾으러 갈 때 그는 자신의 하인들을 데리고 갔다. 아브람은 왕이 아니그 단지 부자였다. 그런데 소돔에 살던 조카 롯이 사로잡혀 갔을 때, 아브람은 그의 종들을 데리고 가서 롯을 잡아간 왕들을 쳐부수었다. 당시의 왕은 아브람이란 어떤 부자에게 패할 정도로 시시하고 작은 존재들이었다. 바벨론이나, 이집트의 왕과 같이 세계를 지배하는 큰 나라의 왕이 나타난 것은 나중의 일이다. 아무튼 크거나 작거나 왕들이 하는 첫 번째 일은 전쟁을 하는 것이었다.

전쟁에 패한 왕은 대부분 죽임을 당했다. 그리고 백성들은 노예가 되고, 여자들은 끌려가는 등 전쟁에 진 나라는 약탈당하고 피폐하게 되었다. 이스라엘 남 왕국의 마지막 왕이 바벨론의 왕에게 패했을 때 그는 두 눈이 뽑혔다.[5]

---

5) 유대 왕 시드기야(본명은 맛다니야). 열왕기하 25:7 참조

그래서 왕은 자기와 백성들을 위해 결사적으로 전쟁에서 이겨야 했다.

오늘날도 대통령은 경제를 발전시키기 위한 일을 많이 하지만, 가장 중요한 일은 나라를 지키는 것이다. 잘 사는 것도 중요하지만, 국방과 외교를 통하여 국민의 생존과 국토를 보호하는 일이 무엇보다도 중요하다.

제사장의 역할을 대신한 사울 왕

성경을 보면, 왕이 제사장의 역할을 한 사울 왕의 이야기와 왕이 자신의 역할을 등한시 한 다윗 왕의 사례를 볼 수 있다. 한 왕은 월권행위를, 그리고 한 왕은 직무유기를 한 것인데, 하나님은 그 두 가지를 모두 싫어하셨다.

먼저, 사울 왕은 환경의 압력에 굴복하여 그가 해서는 안 될 제사장의 일을 하였는데, 그로 말미암아 하나님으로부터 버림받게 되었다.

> 삼상 13:5-14
> 블레셋 사람들이 이스라엘과 싸우려고 모였는데 병거가 삼만이요 마병이 육천 명이요 백성은 해변의 모래 같이 많더라 그들이 올라와 벧아웬 동쪽 믹마스에 진 치매 이스라엘 사람들이 위급함을 보고 절박하여 굴과 수풀과 바위 틈과 은밀한 곳과 웅덩이에 숨으며 어떤 히브리 사람들은 요단을 건너 갓

과 길르앗 땅으로 가되 사울은 아직 길갈에 있고 그를 따른 모든 백성은 떨더라 사울은 사무엘이 정한 기한대로 이레 동안을 기다렸으나 사무엘이 길갈로 오지 아니하매 백성이 사울에게서 흩어지는지라 사울이 이르되 번제와 화목제물을 이리로 가져오라 하여 번제를 드렸더니 번제 드리기를 마치자 사무엘이 온지라 사울이 나가 맞으며 문안하매 사무엘이 이르되 왕이 행하신 것이 무엇이냐 하니 사울이 이르되 백성은 내게서 흩어지고 당신은 정한 날 안에 오지 아니하고 블레셋 사람은 믹마스에 모였음을 내가 보았으므로 이에 내가 이르기를 블레셋 사람들이 나를 치러 길갈로 내려오겠거늘 내가 여호와께 은혜를 간구하지 못하였다 하고 부득이하여 번제를 드렸나이다 하니라 사무엘이 사울에게 이르되 왕이 망령되이 행하였도다 왕이 왕의 하나님 여호와께서 왕에게 내리신 명령을 지키지 아니하였도다 그리하였더라면 여호와께서 이스라엘 위에 왕의 나라를 영원히 세우셨을 것이거늘 지금은 왕의 나라가 길지 못할 것이라 여호와께서 왕에게 명령하신 바를 왕이 지키지 아니하였으므로 여호와께서 그의 마음에 맞는 사람을 구하여 여호와께서 그를 그의 백성의 지도자로 삼으셨느니라 하고

사무엘상 13장을 보면, 사울 왕은 엄청난 블레셋 군사들을 보고 질려버렸고, 이스라엘 백성들은 굴과 수풀과 바위와 웅덩이에 숨는 등 절박한 상황에 있었다. 그러나 하나님의

축복을 빌어줄 사무엘이 오지 않자 백성들은 흩어지고 도망가기 시작했다.

그러자 사울은 번제와 화목제물을 가져오게 하여 번제를 드렸다. 제사장이 아닌 왕이 제사를 드린 것이다. 제사장인 사무엘이 와서 축복을 해줘야 할 일을 왕이 한 것이다. 다급한 사울 왕은 "내가 하면 안 되나? 한 마리 잡아다 드려라!"라고 한 것이다.

제사를 마치자 사무엘이 와서 "왕이 무슨 짓을 했습니까?" 하고 묻자, 사울은 "당신이 오지 않아서 내가 할 수 없이 제사를 드렸다."라고 했다. 사무엘은 왕에게 "당신은 참으로 바보짓을 했다. 하나님 여호와께서 왕에게 내리신 명령을 지키지 아니하였다. 말씀대로 순종했더라면 여호와께서 당신의 나라를 영원히 세우셨을 것인데, 그리하지 못하였으므로 이제 왕의 나라는 길지 못할 것이다."라고 했다.

사울 왕이 말씀을 거역하고 환경과 타협을 했을 때, 하나님은 그를 떠났다. 그리고 하나님은 다윗에게 왕권을 넘겼다. 사울 왕은 하나님의 말씀을 어기고 제사장의 역할을 함으로써 이런 결과를 초래한 것이다.

왕의 역할을 다하지 않은 다윗 왕

왕의 가장 중요한 일은 전쟁을 하는 것이었다. 나라를 지켜야 왕권을 지속하고 백성들도 편하게 살 수 있었다. 다윗

때는 전쟁이 끊이지 않았다. 다윗은 골리앗을 때려눕혀서 하루아침에 왕의 사위가 된 사람으로 전쟁터에서 자랐다. 다윗은 전쟁을 통하여 백성들에게 신임을 얻었고, 하나님은 다윗을 선택하여 왕으로 세웠다. 다윗은 왕이 된 후에도 여전히 왕의 첫 번째 사명인 전쟁을 계속했다.

그러던 중, 다윗 왕은 전쟁을 해야 할 때에 딴 일을 했다. 그는 부하들과 모든 이스라엘 군대를 전쟁터에 내보내고 자신은 예루살렘에 남아있었다. 그는 왕의 가장 중요한 사명을 놓아두고 왕궁에서 편하게 지내고 있었다. 왕궁에 남아있던 다윗 왕은 어느 저녁 무렵 왕궁 옥상을 거닐다가 한 여인이 목욕을 하는 것을 보았다.

삼하 11:1
그 해가 돌아와 왕들이 출전할 때가 되매 다윗이 요압과 그에게 있는 그의 부하들과 온 이스라엘 군대를 보내니 그들이 암몬 자손을 멸하고 랍바를 에워쌌고 다윗은 예루살렘에 그대로 있더라 저녁 때에 다윗이 그의 침상에서 일어나 왕궁 옥상에서 거닐다가 그 곳에서 보니 한 여인이 목욕을 하는데 심히 아름다워 보이는지라 다윗이 사람을 보내 그 여인을 알아보게 하였더니 그가 아뢰되 그는 엘리암의 딸이요 헷 사람 우리아의 아내 밧세바가 아니니이까 하니 다윗이 전령을 보내어 그 여자를 자기에게로 데려오게 하고 그 여자가 그 부정함을 깨끗하게 하였으므로 더불어 동침하매 그 여자가 자

기 집으로 돌아가니라 그 여인이 임신하매 사람을 보내 다윗
에게 말하여 이르되 내가 임신하였나이다 하니라

이 이야기는 너무나 유명하다. 다윗 왕은 왕의 가장 중요한 사명인 전쟁을 하러 나가지 않음으로써, 사단이 틈탈 기회를 준 것이다. 물론, 성경에는 사단의 이야기는 없지만, 다윗 왕이 사단의 유혹에 빠진 것이 분명하다. 다윗 왕은 부인도 있었고, 후궁들도 많았다. 그럼에도 불구하고 자기를 위하여 목숨을 걸고 싸움터에 나간 부하의 부인을 데려다가 동침을 하고, 아이를 갖게 된 것이다.

다윗 왕은 왕으로서 가장 중요한 사명을 놓친 결과로 간음을 했고, 그의 충성스런 부하 우리아를 죽게 했다. 그는 간음자요, 살인자가 되었다. 그리고 밧세바와 동침하여 난 아이는 병에 걸려 죽었다.

다윗은 참으로 하나님을 사모했다. 그리고 하나님은 다윗을 마음에 합한 자라고 했다. 하나님을 사모한 다윗은 "내가 악인의 궁전에 거하는 천 날보다 하나님의 성전에 문지기로 하루를 보내겠다."라고 고백할 정도로 성전 건축을 소원했다.

그러나 다윗은 성전을 건축할 수 있는 모든 능력을 갖추고도 성전을 지을 수 없었다. 하나님은 다윗의 손에는 우리아를 죽인 피가 묻어 있기 때문에 성전 건축을 허락하지 않으셨다. 결국 다윗은 평생의 소원인 성전 건축을 준비만 했고, 성전 건축의 영광은 아들 솔로몬에게 물려줄 수밖에 없었다.

사울 왕과 다윗 왕의 예는 하나님이 주신 역할을 올바로 수행하지 못함으로써 일어났던 것이다.

신약시대의 왕과 제사장

구약시대의 이야기를 그림자로 보았다. 이제 오늘을 사는 우리에게 왕과 제사장의 역할은 어떻게 적용되는지 보자.

개인의 삶에서 왕과 제사장의 역할

그리스도인으로서 개인의 삶은 왕과 제사장의 역할을 하는 것이다. 먼저, 베드로전서 2장 5절을 보자.

> 벧전 2:5
> 너희도 산돌같이 신령한 제물로 세워지고 예수 그리스도를 말미암아 하나님이 기쁘시게 받으실 신령한 제사를 드릴 거룩한 제사장이 될지니라

하나님은 베드로 사도를 통하여 이제는 우리 그리스도인들이 제사장이라고 했다. 양 잡고, 소 잡고, 빵 갖다놓고 하는 제사장이 아니라, 신령한 제사 곧, 영적인 제사를 드릴 제사장이라고 했다. 예수님은 우리를 위해 마지막 제물이 되셨

기 때문에 이제 우리가 양 같은 것을 잡을 필요가 없다. 이제 우리 모두는 개인적으로 하나님 앞에서 제사장의 역할을 해야 한다.

제사장의 역할은 하나님을 섬기는 것이라고 했다. 이제 우리 그리스도인들 각자가 제사를 드려서 하나님을 섬겨야 한다. 하나님을 찬양하고, 일하여 번 것으로 십일조를 하고, 기도하고 이런 것들이 제사를 드리는 것이다. 그리스도인은 누구나 영적으로 감사와 찬미의 제사를 드려 하나님을 예배하는 제사장의 역할을 해야 한다.

벧전 2:9
그러나 너희는 택하신 족속이요 왕 같은 제사장들이요 거룩한 나라요 그의 소유가 된 백성이니 이는 너희를 어두운 데서 불러 내어 그의 기이한 빛에 들어가게 하신 이의 아름다운 덕을 선포하게 하려 하심이라

베드로전서 2장 9절에서는 우리를 택한 족속이라고 했다. 여기서 택한 족속이란 레위 족속을 말한다. 열두 지파 중에서 레위 족속만이 제사장이 될 수 있었다. 그러나 이제 모든 그리스도인들이 제사장이다. 하나님이 택하신 제사장이 된 것이다. 개인적으로 기도하고, 예배를 드려야 하는 제사장이 된 것이다.

그리고 각 가정에서 가장은 그 집의 제사장 역할을 해야

한다. 자녀들을 교회에 다니게 하고, 믿음 생활을 잘 할 수 있도록 가르쳐야 한다. 또, 그들이 결혼을 해서 가정을 떠난 후에도 그들을 위해 계속 기도할 책임이 있다. 이것이 가정에서 제사장의 역할이다. 구약시대 제사장은 열두 지파를 상징하는 열두 색깔의 보석을 달고 지성소에 들어갔다. 제사장은 자기 이스라엘 민족을 마음에 품고 기도하는 사람이었다. 이제 우리 모두는 가정에서 제사장으로서 그런 역할을 해야 한다.

우리는 왕 같은 제사장이라고 했다. 우리는 제사장인데 왕 같다는 것이다. 우리는 제사장이면서 사단의 공격으로부터 자신과 가족을 보호하고 부양할 책임이 있는 왕의 사명을 가지고 있다.

또, 여기서 거룩한 나라는 이스라엘을 말한다. 오늘날 거룩한 나라는 예수 믿는 사람 곧, 그리스도인이다. 이 나라는 하나님의 소유이다. 예수님이 피 값을 주고 사신 나라이다. 우리 성도 한 사람 한 사람은 주님이 모두 값 주고 사신 나라이다.

그리고 이처럼 우리를 택하신 족속, 왕 같은 제사장, 거룩한 나라, 그의 소유가 되도록 한 이유는 우리를 이 복음의 빛 가운데 들어가게 하신 분의 아름다운 덕을 선포하기 위해서라는 것이다. 그리스도인들은 모두 왕과 제사장으로서 하나님과 예수 그리스도의 영광을 전하는 사람으로 살라고 하는 것이다.

신약시대의 제사장

에베소서 4장을 보면 예수님께서 하늘로 올라가실 때 예수님이 이 땅에서 하신 사역을 계속 할 수 있도록 선물을 주셨다. 그래서 이를 승천 은사라고도 한다. 사도, 선지자, 복음 전하는 자, 목사, 교사가 그것인데, 이 다섯 가지 사역을 우리는 오중 사역(Five-fold ministries)이라고 한다.

> 엡 4:7-8
> 우리 각 사람에게 그리스도의 선물의 분량대로 은혜를 주셨나니 그러므로 이르기를 그가 위로 올라가실 때에 사로잡혔던 자들을 사로잡으시고 사람들에게 선물을 주셨다 하였도다

오중 사역자들이 주님으로부터 받은 일은 성도를 성숙하게 하여, 섬기는 일을 하게하며, 그리스도의 몸인 교회를 세우도록 하는 것이다.

> 엡 4:11-12
> 그가 어떤 사람은 사도로, 어떤 사람은 선지자로, 어떤 사람은 복음 전하는 자로, 어떤 사람은 목사와 교사로 삼으셨으니 이는 성도를 온전하게 하여 봉사의 일을 하게하며 그리스도의 몸을 세우려 하심이라

오중 사역자들은 오직 하나님을 섬기는 일 즉, 성전을 섬기는 일을 한다. 성전을 섬기는 일이란 예배당을 관리하는 일이 아니라, 그리스도의 몸인 교회를 섬기는 일이다.

신약시대의 왕

그러면 이렇게 다섯 가지 사역자로 부르심을 받지 않은 그리스도인들은 무엇인가? 그들은 모두 왕으로 부름을 받았다. 오늘날 크고 작은 조직이나 직장에서 회장, 사장, 대표이사라고 하는 왕 노릇하는 사람을 'CEO(Chief Executive Officer)' 라고 한다. CEO는 오늘 날 성경적인 언어로 표현하면 바로 왕이다. 구약시대의 제사장적 사역자인 오중 사역자와 왕적 사역자인 성도의 관계를 좀 더 설명하고 있는 성경 구절을 보자.

> 고전 12:27
> 너희는 그리스도의 몸이요 지체의 각 부분이라 하나님이 교회 중에 몇을 세우셨으니 첫째는 사도요 둘째는 선지자요 셋째는 교사요 그 다음은 능력을 행하는 자요 그 다음은 병 고치는 은사와 서로 돕는 것과 다스리는 것과 각종 방언을 말하는 것이라

고린도전서 12장을 보면, 우리는 함께 그리스도의 몸을

이룬다고 했다. 우리 모두가 합쳐 그리스도의 몸이 되며, 지체의 각 부분이 된다는 것이다. 그리고 교회 중에 몇을 세우는데, 이는 사도, 선지자, 교사, 능력 행하는 자, 병 고치는 은사, 서로 돕는 것과 다스리는 것, 각종 방언을 말하는 것이라고 했다. 선물로 주신 오중 사역자를 포함하여 그리스도의 몸의 지체가 되는 것이 추가로 언급되어 있다.

여기서 능력 행하는 자, 병 고치는 자는 에베소서에서 말하는 복음 전하는 자가 주로 하는 일이다. 이런 능력으로 전도를 하는 것이다. 목사는 사도, 선지자, 교사, 복음 전하는 자가 하는 일들을 병행하기도 한다. 그리고 '서로 돕는 것과 다스리는 것과 각종 방언을 말하는 것'을 세우셨다고 했다.

각종 방언을 말하는 것은 오중 사역자와 성도들 즉, 제사장이나 왕의 구별 없이 모든 그리스도인들에게 주어지는 은사이다. 이제 '돕는 것과 다스리는 것'이 어떤 은사인지 남아있는데, 이것은 대부분 왕들에게 주어진 특별한 은사이다.

성도는 반드시 하나님 왕국의 일원으로서 자신의 위치에서 왕의 직무를 다해야 한다. 에베소서 1장 18절을 보면 바울은 "너희 마음눈을 밝히사 그의 부르심의 소망이 무엇인지 알게 되기를 기도한다."고 하였다. 우리의 부르심은 궁극적으로 그리스도의 몸인 교회라는 하나님의 군대에 소속되어 있어야 한다. 소속이 없으면 직책도 없다. 군대에 소속된 사람은 직책에 따라 임무를 부여 받는다. 우리는 이 시대, 이 곳, 이 교회, 이 직장, 이 가정에 따르는 사명이 있다.

그러면 돕는 것과 다스리는 것은 무엇인가? 돕는 것은 교회라는 그리스도의 몸 안에서 제사장과 함께 비전이 이루어 지도록 돕는 일을 하는 것을 말한다. 제사장을 도우며, 나보다 위에 있는 영적 권위자를 돕는 것이다. 다스린다는 것은 왕이 되는 것이다. 왕은 오늘날로 말하면 리더 곧, CEO다. 과장, 부장, 사장할 때 '장'이란 리더를 뜻한다. 아브라함이 무슨 왕의 칭호를 가졌던 것은 아니다. 그는 집에서 기르고 훈련시킨 자 318명을 거느리고 가서 조카 롯의 가족과 그들의 재물을 빼앗아간 가나안 네 왕의 연합군대를 쳐부순 리더였다.

왕이란 자기에게 맡겨진 나라를 다스리는 사람이다. 아브라함이 자기가 기르고 훈련시킨 사병을 데리고 나가서 싸워 승리하였듯이, 왕은 자신에게 주어진 사람들을 비롯하여 자신의 재능과 재물 등 모든 자원을 활용하여 나라를 대적으로부터 지켜낼 수 있어야 한다. 이렇게 할 때 왕은 자신의 왕권을 지킬 수 있고 백성들로부터 존경을 받을 수 있다.

오늘날 세계에는 왕국이 몇 개 밖에 남아있지 않지만, 그 대신 왕적인 권세를 가진 대통령이나 수상이 있다. 유엔사무총장은 명분은 좋지만 세계를 다스리는 왕은 아니다. 군대 같은 실질적인 힘으로 보장된 권세가 없기 때문이다. 그러나 주님은 "하늘과 땅의 모든 권세를 내게 주셨으니, 너희는 가서 복음을 전하라."고 하셨다. 그리고 주님은 믿는 자에게 이 땅에서 왕 노릇할 수 있는 권세를 주셨다.

우리는 생명이신 그리스도 안에서 왕 노릇하도록 권세와 왕좌를 받은 왕이다. 그리스도인은 집이나 직장, 그리고 어떤 조직에서든지 하나님이 리더로 세워준 곳에서 왕의 역할을 하는 것이다. 하나님은 사람을 지으시고 "생육하고 번성하여 땅에 충만하라. 땅을 정복하라. 바다의 물고기와 하늘의 새와 땅에 움직이는 모든 생물을 다스리라."고 명령하셨다. 우리 그리스도인들은 세상을 정복하고 다스리도록 왕으로 부르심을 받았다.

하나님의 은사와 부르심에는 후회가 없다

하나님의 은사와 부르심은 후회가 없다고 했다. 하나님의 은사와 부르심은 포기되거나, 취소되거나, 바뀌지 않는다는 것이다.

롬 11:29
하나님의 은사와 부르심에는 후회하심이 없느니라

빌 2:13
너희 안에서 행하시는 이는 하나님이시니 자기의 기쁘신 뜻을 위하여 너희에게 소원을 두고 행하게 하시나니 우리는 각자 목적을 가지고 만들어졌다. 이것을 다시 녹이고 부수어서 다시 만들지 못한다. 인생을 두 번 살 수는 없다. 우리는 하나님이 우리 각자에 대해 부르신 목적을 위해 지어졌고, 우리 각자는 그 부르심이 무엇인지를 찾으면서 살아가는 것이다. 이를 위해 우리는 하나님께 기도하고, 하나님의 음성에 순종하며 살아야 한다.

또, 하나님의 은사는 우리에게 이미 주어졌다. 예수 믿지 않는 세상 사람들도 자신들의 능력을 발휘하여 좋은 학교에 진학하고 좋은 직장을 갖고 잘 살고 있다. 그런데 왕으로서 하나님의 나라를 확장시키는 일을 해야 할 우리가 마귀의 자식들에게 재물과 힘을 다 빼앗기고 절절 매면서 살 수는 없다. 이것을 차지하기 위해서는 하나님이 우리에게 주신 왕적인 권세를 사용해야 한다.

하나님이 우리 각자에게 주신 은사를 계발하면서 부르심을 찾아 나갈 때, 하나님은 우리를 통해 그분의 기쁘신 뜻을 이루기 위하여 함께 하신다. 하나님의 부르심을 찾아 나갈 때, 하나님은 우리에게 기름 부어주신다.

다윗이 골리앗을 어떻게 때려 눕혔는가? 그는 만군의 여호와 하나님의 이름으로 나아갔다. "너, 할례 없는 놈!" 하면서 골리앗에게 나아갔다. 할례 있다는 것은 하나님과 언약한 하나님의 백성이라는 것이다. 그리고 다윗은 "하나님의 군대를 모욕한 너를 가만두지 않겠다."고 하면서 돌을 돌려서 던지니까 하나님이 그 돌을 골리앗의 이마에 맞혀

주셨다.6) 하나님이 함께 하신 것이었다. 그는 하나님을 위한 전쟁을 하러 나갔던 것이다. 다윗이 하나님을 위한 전쟁에 나갔을 때, 하나님은 그와 함께 하셨다.

제사장의 임무 : 비전(Vision)

제사장의 역할을 하는 사역자의 임무는 성도들에게 지속적으로 비전을 보여 주는 것이다. 그래서 그 비전을 통해 성도들이 자신에 대한 하나님의 부르심의 소망을 찾을 수 있도록 해주어야 한다.

> 잠 29:18
> 묵시가 없으면 백성이 방자히 행하거니와 율법을 지키는 자는 복이 있느니라

묵시(Vision)7)가 없으면 백성이 방자히 행한다고 했다. 제사장의 임무는 왕들에게 비전을 보여주어서 방자히 행하지 않도록 하는 것이다. 전쟁에 나간 왕들이 엉뚱한 데서 엉뚱한 일을 하면서 목적 없이 세월을 낭비하지 않도록 해야 한다. 그래서 제사장은 계속 비전을 제시해 주어야한다. 비

---

6) 사무엘상 17장 참조
7) 잠언 29:18(KJV); Where there is no vision, the people perish: but he that keepeth the law, happy is he.

전이 없는 교회는 부흥을 했다고 하더라도 하루아침에 사단이 부끄럼거리로 만드는 것을 종종 본다.

그리스도인은 비전이 일치하는 교회에 나가야 한다. 그래서 그 비전을 이루기 위해 왕의 사명을 감당해 나갈 때, 하나님이 이루어주시는 연결(Divine Connection)을 통해 사람이나 기회를 만나서 목적을 이룰 수 있다.

하나님의 호의는 이스라엘과 같은 작은 민족이 수많은 열방을 무찌르고 1948년 그들이 소원하는 자리에 그들의 왕국을 세우게 하지 않았는가. 중동의 이슬람 국가들이 모두 덤벼들어서도 이스라엘을 제거하지 못하고 있다. 당신의 회사가 작고 가진 것이 적을지라도, 당신이 정말 하나님의 비전을 가지고 있다면, 하나님은 당신의 뜻을 이루게 해주신다.

전쟁에 나가는 사람을 생각해보자. 그들은 사랑하는 처자식을 두고 간다. 전쟁은 병정놀이가 아니라 죽고 사는 문제이다. 전쟁에서 지면 자기만 죽는 것이 아니라, 처자식이 죽거나 노예가 된다. 비참하게 되는 것이다. 신명기 20장은 전쟁에 나갈 때 제사장이 무엇을 했는지 보여준다.

신명기 20:1-4
네가 나가서 적군과 싸우려 할 때에 말과 병거와 백성이 너보다 많음을 볼지라도 그들을 두려워하지 말라 애굽 땅에서 너를 인도하여 내신 네 하나님 여호와께서 너와 함께 하시느니라 너희가 싸울 곳에 가까이 가면 제사장은 백성에게 나아가서 고하여 그들에게 말하여 이르기를 이스라엘아 들으라 너희가 오늘 너희의 대적과 싸우려고 나아왔으니 마음에 겁내지 말며 두려워하지 말며 떨지 말며 그들로 말미암아 놀라지 말라 너희 하나님 여호와는 너희와 함께 행하시며 너희를 위하여 너희 적군과 싸우시고 구원하실 것이라 할 것이며

"내가 나가서 적군과 싸우려 할 때 말과 병거와 백성이 너보다 많음을 볼지라도 그들을 두려워하지 말라." 우리가 지금 자금력이나, 기술력이나, 인재가 부족할지라도 겁먹지 말라는 것이다.

"애굽 땅에서 너를 인도해 내신 네 하나님 여호와께서 너와 함께 하시느니라." 애굽 땅에서 우리를 인도해 내신 여호와 하나님, 열 가지 재앙을 통해서 그들을 애굽 땅에서 나오게 하시고, 홍해를 가르시고, 스핑크스와 피라미드를 세운 그 당시 가장 강한 애굽 왕을 홍해에 수장하신 바로 그 하나님이 우리와 함께 하신다는 것이다. 모세가 지팡이로 홍해를 가른 것이 아니다. 하나님이 홍해를 가르고 그들을 인도하셨다.

"너희가 싸울 곳에 가까이 가면 제사장은 백성에게 나아가서 고하여 이르라." 전쟁하러 나갈 때는 제사장은 백성들에게 고하라고 했다. 즉, 전쟁하러 나갈 때 비전을 주고 축복해주라는 것이다. 제사장은 구원받은 백성들이 비전을 보도

록, 삶의 목적을 발견하도록, 사업의 목적을 발견하도록, 출근할 목적을 발견하도록 한다.

제사장은 "이스라엘아 들어라! 너희가 오늘 너희의 대적과 싸우려고 나아왔으니, 마음에 겁내지 말며, 두려워하지 말며, 떨지 말며, 그들로 말미암아 놀라지 말라!"라고 비전을 주고 축복했다. 왜 우리는 두려워하지 않고, 겁내지 않고, 놀라지 않을 수 있는가? "하나님이 함께 전쟁터에 나가시며 너희를 위하여 너희 적군과 싸우시고 구원할 것이니라." 그것은 하나님이 함께 하시기 때문이다. 하나님은 오늘도 하나님의 말씀을 듣고 부르심의 소망을 발견한 왕들과 함께 하신다.

왕의 임무 : 공급(Provision)

왕의 역할을 하는 성도의 임무는 각자에 주어진 은사를 바탕으로 하나님이 주신 비전을 이루기 위해 세상을 정복하여 각종 공급(Provision)을 하는 것이다. 비전(Vision)을 이루기 위해 필요한 것들을 준비(Prepare)하고 제공(Provide)하는 것이다. 그것은 전도일 수도 있고, 기도, 헌금, 봉사, 건축 등이 될 수 있다.

유대국의 7대 왕인 여호사밧은 전쟁터에 나가서 싸움을 잘했던 왕이다. 아람 왕의 군대가 왔을 때, 그 규모로 보면 해보나마나 하는 전쟁이었다. 그러나 하나님은 그 전쟁을 이기게 해주셨다. 여호사밧이 찬양단을 총 동원 해서 나팔을 불고 하나님을 높이 찬양하자, 하나님은 매복 작전의 비밀을 알려 주셨다. 하나님은 어디에 매복을 하라는 것까지 알려주셨다. 그래서 그 전쟁에서 이겼다. 역대하 20장에서 여호사밧의 말을 들어보자.

> 역대하 20:20
> 여호사밧이 서서 이르되 유다와 예루살렘 주민들아 내 말을 들을지어다 너희는 너희 하나님 여호와를 신뢰하라 그리하면 견고히 서리라 그의 선지자들을 신뢰하라 그리하면 형통하리라 하고

"여호와를 신뢰하라 그리하면 견고히 서리라 그의 선지자들을 신뢰하라 그리하면 형통하리라." 오늘도 우리는 하나님이 우리의 제사장을 통해 주시는 비전을 보고 전쟁터에 나가야 한다. 우리의 시간과 재능을 바쳐서 전쟁터에 나갈 때, 우리가 아무리 미약할지라도 제사장을 통해 하나님의 말씀을 듣고, 축복기도를 받고 나가면 하나님이 우리와 함께 하신다. 우리가 하나님을 신뢰하면 견고히 설 것이고, 그분의 선지자를 신뢰하면 형통하게 된다.

그리스도인들은 모두 왕이다. 왕의 기름부음을 받고 학생은 학교에서, 또 직장에 다니는 사람은 직장에서, 그곳을 자기의 왕국으로 삼고 하나님이 주신 후회 없는 재능을 발전시

키면서 각자의 부르심에 따라 하나님을 신뢰하고 나아갈 때, 죄와 저주로부터 우리를 자유하게 하신 그 하나님이 우리와 함께 하시겠다고 약속하셨다.

왕과 제사장은 동역자

제사장은 비전을 보여주고, 왕들은 이 사명을 감당하기 위하여 제사장의 축복기도를 받고 전쟁터로 나갔다. 그리하여 자기 나라를 보호하고, 처자식을 보호하고, 자기 목숨을 보호하여 하나님의 나라를 지켰다.

제사장이 아무리 좋은 비전을 주어도 왕이 부르심의 소망을 발견하지 못하고 또, 그것을 향해 나아가지 못하면 아무 소용이 없다. 왕은 부르심의 소망을 갖고 이것을 위해 기도하고 담대히 나아가야 한다. 왕이 역할을 수행하지 못하던 제사장도 그 역할을 수행할 수 없다. 제사장과 왕은 서로 인정하고 존중하면서 하나님의 뜻을 이루어가는 동역자가 되어야 한다.

비전 없는 삶을 산 한 스타의 이야기

로큰롤의 황제로 불리면서 지금도 많은 사람들의 기억 속에 남아있는 엘비스 프레슬리(Elvis Presley)의 생애를 보자.

그는 1935년 미국 남부의 미조리주에서 태어났다. 그는 부모와 함께 하나님의 성회 교회에 다닌 모태교인이었다. 그가 어렸을 때 크리스마스 선물로 자전거를 사달라고 부모를 졸랐는데, 가난한 그의 부모는 자전거를 사줄 수 없어서 기타를 사줬고, 그것이 계기가 되어 일약 세계적인 가수가 되었다고 하는 사람이다.

그는 미국의 최고 가수에게 주는 그래미상을 3번이나 받았다. 그 중 첫 번째는 1967년에 '주 하나님 지으신 모든 세계(How great thou art)'라는 찬송가를 불러서 받았다.

그는 고등학교를 졸업할 때까지 하나님의 성회 교회에 열심히 다니면서 찬송가를 불렀고, 미국 남부의 흑인 연가와 같은 복음성가를 부르면서 교회 문화 속에 살았다. 그리고 고등학교를 졸업한 지 3년 만에 그래미상을 받고 세계적인 가수가 되었다. 그의 노래를 담은 음반은 10억 장이 팔렸다. 물론, 그는 엄청난 부와 명예를 얻었다.

그러나 그는 약물 중독으로 42세의 나이에 죽었다. 그는 믿는 부모 아래서 성장했고, 하나님이 주신 재능으로 세계 최고의 가수가 되었지만, 부르심의 소망을 발견하지 못하고 마귀의 종노릇을 하면서 살다가 비명에 죽었다.

엘비스 프레슬리는 왜 그의 부르심을 발견하지 못했는가? 주일날 교회에 나가지 않았기 때문이라고 결론 내린다. 출세하고 잘 나갈 때 교회에 나가지 않아서 제사장으로부터 비전을 받지 못했기 때문이다. 그가 비전을 가지고 있었다면 그의 성공을 통해 하나님께서 영광을 받으시고, 그는 오래도록 그리스도인들의 자랑거리가 되었을 것이다.

그리스도인은 왕 같은 제사장이요, 택하신 백성이요, 거룩한 나라이며, 그에게는 부르심의 사명이 있다는 것을 잊지 말아야 한다. 교회도 마찬가지이다. 교회가 선교의 사명에는 관심이 없고, 엉뚱한 일에만 열중하면서 믿지 않는 사람들에게 손가락질만 받는다면 결국 어떻게 되겠는가?

우리는 주일에 교회에 가서 하나님이 주신 사명을 반복해서 듣고, 우리를 어두운 데서 불러내어 그의 기이한 빛에 들어가게 하신 이의 아름다운 덕을 선포해야 한다. 우리가 세상에 나가서 많은 축복을 받고, 왕처럼 권세를 누리고 살 때, 우리는 그 분의 덕을 선전하려고 이 땅에 살고 있다는 것을 잊지 말아야 한다.

제 2 장

하나님의 동맹 군대

창세기 12장에는 아브람이란 사람이 등장한다. 13장에서는 이 사람이 애굽에 갔다가 큰 부자가 되어 돌아온 후 조카 롯과 함께 살기에는 땅이 부족하여, 자신은 가나안 땅에서 거주하고, 조카는 소돔 땅으로 가서 사는 이야기가 나온다. 14장에는 소돔과 고모라 지역에 전쟁이 나서 조카가 사로잡혀 가게 되고, 아브람은 자기 조카를 찾기 위해 전쟁을 하는 이야기가 이어진다.

창 14:1-2
당시에 시날 왕 아므라벨과 엘라살 왕 아리옥과 엘람 왕 그돌라오멜과 고임 왕 디달이 소돔 왕 베라와 고모라 왕 비르사와 아드마 왕 시납과 스보임 왕 세메벨과 벨라 곧 소알 왕과 싸우니라

이 내용을 간단하게 요약하면, 시날 왕 등 네 왕이 소돔과 고모라 측의 다섯 왕과 싸움이 붙었는데 소돔과 고모라 측이 졌다. 그래서 소돔과 고모라 왕들은 다 도망갔고, 백성들은 잡혀가고 모든 재물을 약탈당했다. 문제는 아브람의 조카인 롯도 잡혀갔다는 것이다. 아브람이 이 소식을 듣게 되었다.

> 창 14:14-16
> 아브람이 그의 조카가 사로잡혔음을 듣고 집에서 길리고 훈련된 자 삼백십팔 명을 거느리고 단까지 쫓아가서 그와 그의 가신들이 나뉘어 밤에 그들을 쳐부수고 다메섹 왼편 호바까지 쫓아가 모든 빼앗겼던 재물과 자기의 조카 롯과 그의 재물과 또 부녀와 친척을 다 찾아왔더라

아브람이란 사람은 그의 조카가 사로잡혔음을 듣고, 집에서 먹이고 훈련시킨 자 318명을 거느리고 단까지 쫓아갔다. 이것을 보면, 아브람이 얼마나 부자였는지 알 수 있다. 그는 하나님의 선택을 받고 75세에 자기가 살던 하란 땅에서 가나안 땅으로 이민을 갔다. 그리고 불과 몇 년이 되지 않아 가뭄 때문에 애굽으로 갔다가 아내를 빼앗길 뻔 했는데, 하나님이 그를 축복하여서 큰 부자가 되어 다시 가나안 땅으로 돌아오게 한 사람이다.

아브람은 자신을 따라 다니던 조카 롯과 함께 살 수 없을

정도로 소와 양이 많아졌다. 그래서 조카는 소돔 땅에 가서 살게 된 것이다. 아브람은 훈련이 잘된 하인들을 데리고 가서 왕들을 쳐부수고 조카의 일가족은 물론, 사로잡혀간 사람들과 빼앗겼던 모든 재물을 찾아왔다.

아브람이란 사람은 왕이 아니었다. 그는 단지 하나님의 축복을 받은 사람이었다. 위대한 하나님의 사람이 왕들을 쳐부수고 사로잡혀간 사람들과 잃어버린 재물을 찾아온 것이다. 오늘날로 보면 아브람은 왕의 사명을 감당하는 성도이고, 여기에 나오는 왕들은 어둠의 세상 주관자들이라고 볼 수 있다.

> 창 14:17-18
> 아브람이 그돌라오멜과 그와 함께 한 왕들을 쳐부수고 돌아올 때에 소돔 왕이 사웨 골짜기 곧 왕의 골짜기로 나와 그를 영접하였고 살렘 왕 멜기세덱이 떡과 포도주를 가지고 나왔으니 그는 지극히 높으신 하나님의 제사장이었더라

소돔 측은 전쟁에서 패하여 나라가 완전히 망했다. 백성과 재물을 다 빼앗겼다. 그런데 아브람이란 여호와 하나님을 믿는 한 노인이 자기 집에서 훈련시킨 하인들을 데리고 가서 적을 쳐부수고, 빼앗긴 것들을 다시 찾아가지고 돌아왔다. 그러자 도망갔던 소돔 왕이 마중을 나와서 환영을 한 것이다.

그 영접하는 사람들 중에 살렘 왕도 있었다. 멜기세덱이라는 살렘 왕이 떡과 포도주를 가지고 나왔는데, 이 사람은 지극히 높으신 하나님의 제사장이라고 했다. 성경에 제사장의 이야기는 여기서 처음 나온다.

제사장의 사명 수행

하나님을 알게 한다

살렘 왕과 소돔 왕이 나와서 환영을 할 때, 제사장 멜기세덱은 먼저, 아브람에게 이러한 승리를 이루신 분은 하나님이라는 것을 알게 하였다. 하나님이 뜻하신 일, 하나님이 행하신 일을 알게 한 것이다. 그래서 멜기세덱 제사장은 그 일을 뜻하시고 행하신 하나님의 이름으로 아브람을 축복했다.

> 창 14:19-20
> 그가 아브람에게 축복하여 이르되 천지의 주재이시요 지극히 높으신 하나님이여 아브람에게 복을 주옵소서 너희 대적을 네 손에 붙이신 지극히 높으신 하나님을 찬송할지로다

아브람이란 사람이 자기 조카를 살리려고 가서 다섯 왕

까지 살려준 것이다. 그러니 그 왕들은 너무나 고마웠을 것이다. 그런데 그 왕들은 "감사합니다."라든지, "어떻게 당신의 하인들은 이 다섯 나라의 군대보다도 더 강합니까? 어떤 전쟁의 지략을 폈습니까? 당신은 다섯 왕보다 더 훌륭한 왕 같은 사람입니다."라고 칭찬한 것이 아니다. 그들은 멜기세덱이란 제사장을 통해 "천지의 주재이시요, 지극히 높으신 하나님이여, 아브람에게 복을 주옵소서."라고 하면서 아브람에게 그 하나님을 알게 하고, 그 하나님의 이름으로 축복했다.

하나님을 기억하게 한다

이어서 멜기세덱은 "너희 대적을 네 손에 붙이신 지극히 높으신 하나님을 찬송할지로다."라고 하면서 이 일이 행하신 하나님께 영광을 돌리도록 했다.

사람들은 어려움을 겪게 되었을 때 교회에 나오는 경우가 많다. 병에 걸리고, 사업에 실패하는 등 어려움을 당했을 때 하나님을 찾는 것은 참 좋은 일이다. 그렇지 않은 사람은 전도하여 교회 나오게 하기가 쉽지 않다.

문제는 우리가 잘 되고, 건강하고, 부자가 되고, 사람들의 칭찬과 존경을 받을 때 교회에 잘 나오지 않는다는 것이다. 아브람이 승리를 하고 올 때 즉, 잘 되었을 때 제사장이란 사람이 와서 하는 말이 "너희 대적을 네 손에 붙이신 지극히 높으신 하나님을 찬송할지로다."라고 한 것이다. 전쟁에 지면 자신만 죽는 것이 아니라, 가족들도 다 죽을 수 있다. 그런데 하나님이 이기게 해 주셨으니 얼마나 감사한가? 그래서 그분을 찬송하라는 것이다.

당신은 어려울 때 교회에 나가서 하나님의 도움을 받아야 한다. 교회에 나가서 축복 기도를 받고, 병을 치유하고, 은혜를 받고, 부자가 되고, 이 땅에서 필요한 것을 왕처럼 누리기 위해서 지혜와 필요한 것들을 모두 구하라. 그러나 잘 되고, 성공하고, 왕이 되었을 때 대적을 당신의 손에 붙이신 분이 바로 하나님이란 것을 기억해야 한다.

아브람이 전쟁에서 승리했을 때 멜기세덱이란 제사장이 나타나서 그 하나님을 기억나게 해주었다. 이처럼 제사장의 사명은 하나님을 기억하게 하여 그 분께 영광을 돌리도록 하는 것이다.

신명기 8장은 이스라엘 민족이 가나안 땅에 들어가기 전에 광야에서 모세가 이스라엘 백성들에게 마지막으로 한 설교이다. 모세는 지난 세월 동안 하나님이 하신 일을 기억하라고 했다. 광야에 있는 40년 동안 그들은 농사를 짓지 않았다. 그들은 열심을 낼 필요도 없었다. 하나님이 밤 동안 내려주신 만나를 주어다가 빻아서 먹거나 구워서 먹으면 됐다. 햇볕이 내리쬐면 만나가 녹으므로 게으른 사람은 먹을 수 없었다. 또, 욕심이 많아서 너무 많이 거두면 하루 만에 썩어버렸다. 그들은 가난한 사람도 없고 부자도 없이 하루하루 하나님이 내려주시는 만나를 먹으면 되었다.

그런데 이제는 만나 먹는 광야생활이 끝나고 하나님이 약속하시고 아브람에게 보여주셨던 가나한 땅에 들어가야 했다. 거기는 만나가 없는 곳이다. 대신 농사를 지으면 수확이 많이 나고 소와 양을 잘 기를 수 있는 젖과 꿀이 흐르는 좋은 땅이라고 했다.

> 신 8:12-16
> 네가 먹어서 배부르고 아름다운 집을 짓고 거주하게 되며 또 네 소와 양이 번성하며 네 은금이 증식되며 네 소유가 다 풍부하게 될 때에 네 마음이 교만하여 네 하나님 여호와를 잊어버릴까 염려하노라

그 땅에 들어가면 잘 먹게 되고, 좋은 집에서 살게 될 것이라고 했다. 그러나 소유가 풍부하게 될 때에 마음이 교만하여져서 하나님 여호와를 잊어버릴까 염려한다고 했다. 어려울 때는 사람들이 하나님을 의지한다. 그러나 살만해졌을 때 교만해져서 교회 나가지 않으면 이런 이야기를 들을 기회가 없다. 모세가 이스라엘 백성들에게 한 이야기가 바로 이것이다.

여기서 잠시 추수감사절에 대해 생각해보자. 영국에서 핍박받던 신교도들은 자유롭게 예수를 믿기 위해서 신대륙에

찾아갔었다. 가는 중에 배에서 반은 죽고, 또 미국에 도착해서도 한 겨울을 나면 반이 죽었다. 그래서 살아남은 사람들은 자기들을 보호해주고, 살아남을 수 있도록 농사짓는 법을 가르쳐준 인디언들을 초청해서 고마움을 표현하고, 하나님 앞에 감사의 제사를 드린 것이 이 절기의 기원이다. 당시는 소나 돼지를 구하기 힘들었기 때문에 야생 칠면조를 잡아서 하나님 앞에 제사를 드렸다.

그들은 출세하려고 미국에 간 것이 아니라, 자유롭게 하나님을 섬기려고 간 것이다. 요즘처럼 자식 공부 잘 시키고, 잘 살려고 이민을 간 것이 아니다. 언제 어디서 죽일지 모르는 신대륙이지만, 그곳에서 맘 놓고 예수를 믿어보려고 했던 청교도들이 살아남은 것에 감사해서 하나님께 제사를 드렸던 것이다.

그러나 지금은 세월이 많이 변했다. 그들이 와서 첫 번째 한 일들이 대학과 병원을 세운 것이었고, 그때 세운 대학이 하버드, 예일대학으로 지금 미국의 아이비리그라고 불리는 세계적으로 유명한 대학들이다. 당시는 청교도의 목사가 총장과 학장을 했다. 그러나 지금 하버드는 하나님이 없다고 하는 대표적인 대학이 되었다. 지금 하버드는 자유신학의 산실이 되어버렸다. 불과 이백 년 만에 그렇게 되었다. 그들을 그곳에 정착시키고, 오늘날의 풍요를 누리게 하신 하나님을 잊어버린 것이다.

신 8:14-16
네 마음이 교만하여 네 하나님 여호와를 잊어버릴까 염려하노라 너를 인도하여 그 광대하고 위험한 광야 곧 불뱀과 전갈이 있고 물이 없는 간조한 땅을 지나게 하셨으며 또 너를 위하여 단단한 반석에서 물을 내셨으며 네 조상들도 알지 못하던 만나를 광야에서 네게 먹이셨나니 이는 다 너를 낮추시며 너를 시험하사 마침내 네게 복을 주려 하심이었느니라

모세는 "너를 애굽 땅 종 되었던 집에서 이끌어 내시고 너를 인도하여 그 광대하고 위험한 광야 곧, 불뱀과 전갈이 있고 물이 없는 건조한 땅을 지나게 하셨다."고 했다. 애굽 땅에서 종으로 있었던 것은 우리가 예수 믿지 않을 때의 모습이다. 삶이 비참했을 때의 모습이다.

"네 조상들도 알지 못하던 만나를 광야에서 네게 먹이셨나니 이는 다 너를 낮추시며 너를 시험하사 마침내 네게 복을 주려 하심이라." 그런 어려운 시절을 지날 때에 하나님은 굶어 죽지 않게 만나를 주셨고 물을 먹게 해주셨다. 가난은 복이 되지 않는다. 그러나 그런 시절을 통과하는 것은 우리가 나중에 성공하고, 소유가 풍성하게 되었을 때, 마음이 교만하여지지 않고 하나님을 잊어버리지 않는 데 도움이 된다. 성공하고 소유가 풍성하게 되었을 때, 하나님을 기억하고 그분께 영광 돌릴 수 있어야 진정한 복이 되는 것이다.

신 8:17-19

그러나 네가 마음에 이르기를 내 능력과 내 손의 힘으로 내가 이 재물을 얻었다 말할 것이라 네 하나님 여호와를 기억하라 그가 네게 재물 얻을 능력을 주셨음이라 이같이 하심은 네 조상들에게 맹세하신 언약을 오늘과 같이 이루려 하심이니라 네가 만일 네 하나님 여호와를 잊어버리고 다른 신들을 따라 그들을 섬기며 그들에게 절하면 내가 너희에게 증거하노니 너희가 반드시 멸망할 것이라

우리가 잘 산다고, 잘 나간다고, 건강하다고, 세상에서 유명해졌다고, 권세가 있다고 하나님을 잊어버리고, 하나님을 기억하지 않고, 다른 신들을 섬기면 즉, 마음이 교만해져서 하나님보다 더 높아진 것이 생기면 반드시 멸망한다는 것이다.

왕의 사명 수행

믿음을 행위로 나타낸다

다시 아브람과 멜기세덱의 이야기로 돌아가자. 멜기세덱의 말을 듣고 아브람은 어떻게 했는가? 아브람은 지극히 높으신 하나님을 찬송하며, 그가 얻은 것에서 십분의 일을 멜기세덱에게 주었다.

당시 십일조의 개념이 있었던 것도 아닌데, 아브람은 하나님이 대적을 자신의 손에 붙였다는 제사장의 말을 듣고, 그 자리에서 자기가 빼앗아 온 것의 십분의 일을 제사장에게 주었다. 그 제사장은 전쟁에 참여하지도 않았고, 전쟁하기 전에 축복을 해준 것도 아니었는데, 하나님의 이름으로 축복을 해준 그 제사장에게 십분의 일을 줬다. 아브람은 제사장의 말을 듣고 그 일을 행하신 하나님에 대한 믿음을 행위로 나타낸 것이다.

믿음을 고백한다

그런데, 여기서 더욱 놀랄 일은 십일조가 아니라, 아브람이 한 말에서 볼 수 있다.

> 창 14:21-22
> 소돔 왕이 아브람에게 이르되 사람은 내게 보내고 물품은 네가 가지라 아브람이 소돔 왕에게 이르되 천지의 주재이시요 지극히 높으신 하나님 여호와께 내가 손을 들어 맹세하노니

소돔 왕은 아브람에게 사람은 자기들에게 보내주고 물품은 가지라고 했다. 사실 그로서는 잡혀간 친척들과 자손들을 찾은 것만으로도 너무 감사한 상태였다. 그래서 사람들만 보내주고 물품은 아브람이 가지라고 한 것이다.

이때, 아브람은 천지의 주재이시요 지극히 높으신 하나님을 두고 맹세한다. 아브람은 멜기세덱 제사장이 한 말을 그대로 함으로써 믿음을 고백했다. 제사장과 왕이 같은 말을 함으로써 하나가 된 것이다.

당신의 사업이 잘 되고, 자녀가 잘 되고, 어떤 일에 성공했을 때, 당신에게 첫 번째 생각나는 것은 무엇이었는가? 아브람은 제사장에게 들은 말이 생각났고, 그것을 그대로 말했다. 이는 천지의 주재 곧, 소유주이시며, 지극히 높으신 곧, 모든 것을 다스리는 분이 전쟁에서 이기도록 은혜를 주셨다는 것을 믿음으로 고백하는 것이다.

여기에서 보는 것처럼 배우고 들은 하나님의 말씀을 믿음으로 고백하는 것은 예배드릴 때만이 아니라, 의사가 당신의 병은 치료할 수 없다고 말할 때, 세상이 타협하자고 유혹할 때도 고백할 수 있어야 한다. 그럴 때 하나님의 말씀이 생각나야 한다. 아브람[8]이 이러한 믿음을 가졌기에 하나님은 그에게 복을 주셨다. 그리고 새 언약에 따라 우리는 그의 기업 즉, 그의 복을 이을 자가 된 것이다.

갈 3:29
너희가 그리스도의 것이면 곧 아브라함의 자손이요 약속대로 유업을 이을 자니라

---

[8] 아브라함. 창세기 17:5, 느헤미야 9:7 참조

"너희가 그리스도의 것이면 또한 아브라함의 자손이며, 아브라함과 함께 똑같이 하나님의 기업을 누릴 자니라."라는 말씀은 바로 아브라함의 후손들이 복을 받는다는 것을 말한다. 그리스도 안에 있으면 아브라함의 후손이요, 아브라함의 기업을 받는 사람이다.

그리고 아브람은 천지의 주재이신 하나님의 이름으로 맹세하면서 하나님을 선전했다. 하나님께 영광을 돌린 것이다.

> 창 14:23-24
> 네 말이 내가 아브람으로 치부하게 하였다 할까 하여 네게 속한 것은 실 한 오라기나 들메끈 한 가닥도 내가 가지지 아니하리라 오직 젊은이들이 먹은 것과 나와 동행한 아넬과 에스골과 마므레의 분깃을 제할지니 그들이 그 분깃을 가질 것이니라

우리를 왕과 제사장으로 삼은 이유는 무엇이라고 했는가? 우리를 기이한 빛 가운데 들어가게 하신 하나님의 영광을, 하나님의 그 아름다운 덕을 나타내려고 한 것이라고 했다.

아브람은 당연히 그 물품을 받을 자격이 있었다. 그러나 그는 "무슨 소리야. 네가 나중에 아브람이 이 일로 부자가 되었다라고 할지모르니, 네게 속한 것은 실 한 가닥도 갖지 않겠다."라고 한 것이다. 아브람은 왜 그렇게 말했을까? 아브람은 하나님의 영광을 이 사람, 이 불신자에게 빼앗기고

싶지 않았기 때문이다. 하나님은 아브람에게 복을 주셨고 전쟁에 이기게 하셨다. 그리고 아브람의 입을 통해서 영광을 받으셨다.

우리가 살면서 하나님의 축복을 받게 될 때, 우리는 십일조만 내면 되는 것이 아니다. 우리는 그런 축복을 주신 분이 하나님이시라는 것을 증거하고, 그 분께 영광을 돌려야 한다.

우리가 세상에 나가서 사업을 하여 돈을 벌고 성공한다는 것은 쉬운 일이 아니다. 이런 왕들의 사명을 감당해야 하는 우리가 하나님 앞에 나와서 "하나님이 내게 재물을 얻을 능력과 건강과 이 모든 것을 주셨습니다. 하나님께 감사합니다."라고 고백해야 한다. 그리고 세상의 불신자들에게 "하나님의 손길이 나와 함께 하시고, 오늘도 하나님께 예물을 드리고 받은 축복기도가 효과가 있으며, 나는 이 사실을 믿고 살고 있다."고 하나님을 선전하는 아브람과 같은 믿음의 고백이 나와야 한다.

세상을 다스리는 하나님의 동맹군대

지금까지 아브람과 멜기세덱을 통하여 왕과 제사장의 아름다운 관계를 보았다. 그리고 그들이 어떻게 왕과 제사장으로서 사명을 수행했는지를 상징적으로 보았다.

제사장은 왕으로 하여금 하나님을 기억하게 하고, 하나님께 영광을 돌리게 하며, 하나님의 이름으로 왕들을 축복한다. 그리고 왕들은 제사장의 비전을 바탕으로 부르심의 소망을 찾아가고, 그 가운데 믿음의 행위와 믿음의 고백으로 하나님께 감사와 영광을 드린다.

　제사장과 왕들이 하나가 되어 하나님의 동맹군대를 이룰 때, 어둠의 세력의 주관자들과의 전쟁에서 승리하고, 이 세상을 다스릴 수 있게 된다. 왕과 제사장은 세상을 다스리는 하나님의 동맹군대가 되어야 한다. 왕과 제사장의 역할을 수행하는 모든 그리스도인들의 공통된 사명은 하나님의 동맹군대를 더욱 강하게 하는 것이다.

제 3 장

하나님을 위하여 왕이 되려면

그리스도인들에게 "당신은 먹기 위해 삽니까, 살기 위해 먹습니까?"라고 물으면 거의 모두가 살기 위해 먹는다고 대답할 것이다. 그러나 성도들의 관심과 걱정거리들을 보면 돈 벌고, 좋은 집에 살고, 자녀가 좋은 학교에 진학하고, 좋은 직장에 취직하는 등 대부분이 먹고 사는 것, 장래에 대한 불안과 걱정들이다.

그래서 예수님은 "너희가 무엇을 먹을까, 무엇을 입을까 걱정하지 말라. 이것은 너희를 돌봐주는 하나님이 없다고 생각하는 이방 사람들이 하는 것이다."라고 말씀하셨다.

성경을 보면, "하나님을 인정하지 않는 이방인들은 마귀에게 속아서 걱정하고 두려워하다가 지옥으로 가지만, 예수 믿는 사람은 하나님의 자녀가 되었고, 지금 죽어도 천국에 간다. 천국이 더 좋음에도 당장 가지 않는 것은 이 땅에 사명이 있기 때문이다. 그래서 예수 믿는 사람은 잘 먹고 잘 살기 위해 사는 것이 아니라 하나님이 주신 부르심의 소망을 발견하고 그것을 이루기 위해서 사는 것이다."라고 이야기한다.

예수님은 이것을 "너희는 먼저 하나님의 나라와 하나님의 의를 구하라. 그리하면 이 모든 것을 하나님이 더해 주신다."라고 하셨다.[9] 이처럼 하나님의 나라를 위해 왕의 역할을 수행하려면 어떻게 해야 하는가? 이 장에서는 그것에 대해 알아보자.

하나님이 주신 비전을 소유한다
(갈렙 같은 비전을 갖는다)

성경은 "그의 아버지 하나님을 위하여 우리를 왕과 제사장으로 삼았다."고 했다. 하나님은 우리를 예수의 피로 구원해주신 다음, 하나님의 나라를 위하여 왕과 제사장으로 삼으셨다. 그래서 앞의 1장과 2장에서는 왕과 제사장의 역할과 상호 관계를 알아봤다.

하나님은 사무엘 선지자를 통해 사울을 이스라엘의 첫 왕으로 세우셨고, 두 번째는 다윗, 그리고 세 번째는 솔로몬을 세우셨다. 이러한 왕이 있기 전에도 왕과 제사장의 역

---

9) 마태복음 6:33

할을 하는 사람들이 있었고 그들 간에 아름다운 동맹관계가 있었다는 것을 보았다. 곧, 아브람과 멜기세덱의 관계는 왕과 제사장 간에 이루어진 동맹관계의 원형이다. 그리면 멜기세덱과 아브람 이후, 사무엘 선지자와 사울 왕이 나타나기까지 그 중간에 어떤 사람들이 왕과 제사장의 역할을 했었는지 보자.

우리는 여호수아와 갈렙을 통해 그러한 관계를 발견할 수 있다. 여호수아는 제사장의 역할을, 갈렙은 왕의 역할을 감당했다. 만일, 당신이 여호수아와 갈렙이 아름다운 하나님의 동맹관계를 이루었다는 것을 발견한다면, 그것은 당신이 왕으로서 이 세상을 승리하고 살아가는데 큰 도움을 줄 것이다.

제사장에게 맡겨진 임무 곧, 사명은 하나님의 비전을 제시해주는 것이다. 그래서 제사장은 무엇보다도 하나님이 왜 우리를 구원하셨는지, 그리고 우리를 하나님을 위한 왕과 제사장으로 삼으셨다는 그 부르심을 잊지 않도록 계속 말해주어야 한다. 그리고 그 비전을 잘 감당할 수 있도록 왕들을 축복해주는 일을 해야 한다.

그런데, 제사장이 이런 역할을 잘 하지 않거나, 또 그런 역할을 한다고 해도 성도들이 주일날 교회에 와서 그런 소리를 들을 수 없다면 헛일이다. 우리를 구원하신 하나님의 은혜를 잊어버리고, 이 땅에 사는 목적도 모르고 살면서, 제사장이 들려주는 비전에 귀를 막고 있으면, 무익한 인생을 살게 되는 것이다. 비전이 없으면 시간을 낭비하고, 재물을 잘못 사용하면서 살게 된다.

왕들에게 맡겨진 임무는 하나님의 비전을 이루기 위해 공급을 하는 것이다. 세상을 정복하여 비전을 이루기 위한 공급을 하는 것이다.

아브람은 75세에 이민을 가서 수백 명의 사병을 둘 정도로 왕과 같은 사람이 되었다. 만일 오늘날 그리스도인들이 세상을 다스리지 못하면 마귀가 세상을 다스리게 된다. 이 세상은 그리스도인들이 다스려야 된다. 하나님의 비전을 가진 그리스도인들이 하나님의 사명을 이루기 위하여 정치도 하고, 사업도 하고, 노래도 부르고, 나라도 지키는 등 모든 분야에서 왕 노릇을 해야 한다.

예수님은 "너희에게 뱀과 전갈을 밟으며, 사단의 모든 능력을 제어할 권능을 주었다."고 하셨다. 하나님은 우리에게 삶의 목적을 주셨을 뿐만 아니라, 우리가 그 목적을 이룰 수 있도록 능력을 주셨다. 하나님은 우리가 세상을 다스릴 수 있도록 모든 분야에서 우리를 왕으로 부르셨다.

그러나 이 왕들이 잘 훈련되어 있지 않으면 그들의 신앙과 삶은 분리되어 버린다. 이런 그리스도인들은 주일성수를 하라고 하니 주일은 그냥 교회에 왔다가 간다. 주일을 안 지키면 무슨 일이 일어날 것 같은 불안한 생각이 드니까 마지못해 교회에 나오기도 한다. 교회에 와서 하나님의 음성을 듣고, 비전을 새롭게 하고, 그것을 수행하기 위한 작전명령을 받고 다시 전쟁터로 나가는 왕이 아니라, 그냥 주일 예배에 참석했다가 예배당을 떠나면 하나님의 비전과는 전혀 상관없는 삶을 사는 것이다.

이런 그리스도인들은 주일만 주님의 날이고 나머지는 자신의 뜻대로 산다. 그러면 신앙과 삶이 분리가 되는데 곧, 믿음으로 사는 것이 아니라 종교생활을 하게 된다. 그런 사람들에게 교회는 착하게 살라고 하고, 이혼하지 말라고 하고, 이웃을 사랑하라고 하는 것 같은 도덕적인 이야기만 듣는 곳이다.

이렇게 사는 그리스도인들은 세상을 다스릴 수가 없다. 이런 사람들은 차라리 세상에 나가서 그리스도인라고 말하지 않는 것이 좋다. 왜냐하면 이 사람들 때문에 많은 사람들이 예수를 믿지 않기 때문이다. 세상을 다스리기는커녕, 세상에 짓밟혀서 자기 한 몸도 다스리기 힘든 그리스도인들이 너무나 많다. 왕이 아니라 졸병으로 사는 것이다.

오늘날 선교사는 많은데 복음사업가는 그에 비해 훨씬 적다. 선교사 되겠다는 사람은 많은데, 복음사업가가 되겠다고 하는 사람은 과연 얼마나 있는가? 잠언에 죄인의 재물은 의인을 위해 쌓인다고 했다.

잠 13:22
선인은 그 산업을 자자 손손에게 끼쳐도 죄인의 재물은 의인을 위하여 쌓이느니라 세상에는 엄청나게 많은 돈을 가지고 있는 예수 믿지 않는 재벌, 부자들이 많다. 그들은 연말이 되면 사회사업 하라고 큰돈을 기부한다. 그러나 그들이 선교사를 파견하라고 교회에 돈을 가져오는 일은 없다. 그러면 하나님 나라를 위하여 왕은 무슨 역할을 하는 사람인가? 아브람처럼 다른 왕들을 쳐부수고 재물을 찾아오는 사람이다.

왕들이 잘 훈련되어 있지 않고, 임무를 제대로 수행하지 않기 때문에 이 세상은 마귀가 좋은 것을 다 차지하고 왕 노릇을 하고 있다. 예수 믿는 사람들이 불신자들 밑에 들어가서 종노릇 하는 것이 하나님의 뜻인가? 성경은 결코 그렇게 말하지 않는다. 성경은 우리가 왕이 되어야 한다고 거듭 말한다. 예수 그리스도를 믿는 사람들은 모두 CEO요, 왕이 되어야 한다.

그래서 그들이 속한 조직에서 왕의 역할을 해야 한다. 과장은 자기 과에서 왕이고, 사장은 자기 회사의 왕이다. 그들에게는 왕적인 권세가 있다. 그들은 세상 시스템 속에 나가서 돈을 벌고, 승진하여 리더가 되어야 한다.

우리 모두는 각자의 가정에서 제사장이다. 누구든지 집에서는 제사장과 왕의 역할을 병행한다. 아버지, 어머니로서 자식들을 위해 기도해야 한다. 또, 아내는 남편의 건강을 위해, 사업을 위해 기도해야 한다. 우리는 가정에서 제사장적 사명과 왕적 사명을 수행해야 한다.

그러나 교회에서는 사역자로 부름을 받은 사람이 제사장

이 되어 하나님의 비전을 선포한다. 그래서 왕의 역할을 할 성도들이 비전이 없어서 방자히 행하지 않도록 해야 한다. 그러면 왕은 비전을 가지고 마귀에게 빼앗긴 것을 다시 찾아오기 위해 전쟁터로 나간다.

   여호수아와 갈렙을 포함하여 열두 명의 정탐꾼들은 모세로부터 훈련을 받은 사람들이었다. 하나님은 가나안 땅을 점령하라고 했다. 그래서 열두 명의 정탐꾼이 그 땅을 보고 와서 하는 이야기가 민수기 13장에 기록되어 있다. 열두 지파에서 한 명씩 나와서 사십일 동안 그 땅을 정탐하고 돌아왔는데, 열 명은 악한 보고를 하였고, 여호수아와 갈렙은 선한 보고를 하였다.

   이때 갈렙은 "우리가 지금 올라가서 그 땅을 취하자. 우리가 충분히 이긴다."라고 말했다. 갈렙의 보고는 바로 하나님이 주신 비전을 소유한 보고였다.

민 13:30
갈렙이 모세 앞에서 백성을 조용하게 하고 이르되 우리가 곧 올라가서 그 땅을 취하자 능히 이기리라 하나

   갈렙이 이때 한 말은 후일 모세가 죽자 모세의 종으로 사십년 동안 봉사했던 여호수아에게 하나님이 주신 비전과 같은 것이었다. 그 땅을 점령하라는 것은 하나님이 주신 비전이었고, 하나님의 명령이었다.

수 1:1-3

여호와의 종 모세가 죽은 후에 여호와께서 모세의 수종자 눈의 아들 여호수아에게 말씀하여 이르시되 내 종 모세가 죽었으니 이제 너는 이 모든 백성과 더불어 일어나 이 요단을 건너 내가 그들 곧 이스라엘 자손에게 주는 그 땅으로 가라 내가 모세에게 말한 바와 같이 너희 발바닥으로 밟는 곳은 모두 내가 너희에게 주었노니

모세는 가나안 땅으로 들어갔어야 했지만, 하나님께 불순종함으로 말미암아 가나안 땅을 바라만 보고 느보산에서 죽었다. 모세는 하나님을 원망하는 백성들을 데리고 기도하며 살다가 사십년 광야생활을 마치고 그곳에서 죽었다.

요단을 건너 하나님이 준 그 땅으로 가라는 것은 여호수아가 모세로부터 물려받은 비전이며, 하나님으로부터 받은 비전이다. 그러나 여호수아가 어떻게 그 땅에 혼자 들어갈 수 있었겠는가? 여호수아는 왕들이 있었기 때문에 갈 수 있었다. 그 왕의 역할을 끝까지 한 사람이 바로 갈렙이다. 여호수아는 비전을 주는 제사장의 역할을, 그리고 갈렙은 가나안 땅을 정복하는 왕의 역할을 감당했다.

교회는 무엇인가? 교회는 하나님께서 목사를 세우시고 하나님의 비전을 이루어 갈 수 있도록 하는 곳이다. 교회는 목사의 비전을 이루는 곳이 아니다. 하나님이 교회에 주신 비전은 바로 당신의 비전이 되며, 당신은 그 비전을 이루기

위해 왕으로서 해야 할 일이 무엇인지를 찾아야 한다.

갈렙은 "우리가 곧 올라가서 그 땅을 취하자."라고 했다. 목적이 분명했다. 우리는 매일 전쟁을 하러 나간다. 우리는 올라가서 그 땅을 취하기 위해 매일 출근하는 것이다. 그리스도인들은 돈을 벌거나, 사람을 만나거나, 무엇을 하든지 모두 하나님의 나라를 위해 각자가 해야 할 일을 하려고 오늘도 출근하는 것이다. 또, 갈렙은 "능히 이기리라."라고 했다. 하나님이 함께 하신다고 했고, 하나님이 그 땅을 주신다고 했으니, 능히 이겨서 그 땅을 취하게 된다는 것이다.

그러나 여호수아와 갈렙을 제외한 나머지 열 명은 하나님이 주신 비전을 갖지 못했다. "안 된다. 못한다. 지금은 아니다."라고 말했다.

민 13:31-33
그와 함께 올라갔던 사람들은 이르되 우리는 능히 올라가서 그 백성을 치지 못하리라 그들은 우리보다 강하니라 하고 이스라엘 자손 앞에서 그 정탐한 땅을 악평하여 이르되 우리가 두루 다니며 정탐한 땅은 그 거주민을 삼키는 땅이요 거기서 본 모든 백성은 신장이 장대한 자들이며 거기서 네피림 후손인 아낙 자손의 거인들을 보았나니 우리는 스스로 보기에도 메뚜기 같으니 그들이 보기에도 그와 같았을 것이니라 예수 믿는 사람이나 믿지 않는 사람이 성공하지 못하는 이유는 비슷하다. 특히, 예수 믿는 사람이 이 세상을 다스리지 못하고, 하나님이 각 사람에게 가지고 있는 부르심의 소망을 이루지 못하는 이유는 무엇인가? 하나님 때문인가? 하나님 때문이 아니다. 마귀 때문인가? 물론, 근본은 마귀 때문이지만 마귀가 강요하는 것은 아니다. 마귀도 강요해서 당신을 지옥으로 데려갈 수 없다. 마귀는 사람들을 속여서 지옥으로 데려가는 것이지 강요해서 데려가는 것은 아니다.

예수 믿는 사람들이 하나님이 주신 최고의 축복을 누리지 못하고 부르심의 소망을 이루지 못하는 이유는 바로 자신 때문이다. 자신이 스스로를 메뚜기로 보기 때문에 메뚜기 짓을 하다가 가는 것이다.

우리의 꿈을 방해하는 것은 없다. 부인이 방해하는가? 당신이 무엇을 하려고 하는데 부인이 말을 듣지 않는가? 그 결혼은 당신이 선택한 것이다. 그러니 누구를 탓하겠는가? 자신이 스스로 메뚜기가 되었기 때문이다. 그래서 예수 믿는 사람들은 무엇을 탓하면 안 된다. 주님께서 하늘과 땅의 모든 권세를 주셨다는 것을 알고, 모든 것들을 점령해야 한다. 재계를 점령하고, 정계를 점령하고, 교육계를 점령하여 하나님을 뜻을 이루어야 한다.

하나님의 말씀을 소유한다
(갈렙 같이 말씀을 간직한다)

다시 정탐꾼 이야기로 돌아가자. 정탐꾼 열 명으로부터 자신들이 메뚜기 같다는 소리를 듣더니, 온 회중이 소리를 높여 부르짖고 밤새도록 통곡했다고 했다. 그리고 그 원망이 하나님께로 돌아갔다.

> 민 14:1-2
> 온 회중이 소리를 높여 부르짖으며 백성이 밤새도록 통곡하였더라 이스라엘 자손이 다 모세와 아론을 원망하며 온 회중이 그들에게 이르되 우리가 애굽 땅에서 죽었거나 이 광야에서 죽었으면 좋았을 것을 어찌하여 여호와가 우리를 그 땅으로 인도하여 칼에 쓰러지게 하려 하는가 우리 처자가 사로잡히리니 애굽으로 돌아가는 것이 낫지 아니하랴

이렇게 혼란스러운 와중에 믿음의 사람들이 나타났다. 왕의 정신을 가진 사람들이 나타난 것이다. 눈의 아들 여호수아와 여분네의 아들 갈렙이 자기들의 옷을 찢고 말했다. 옷을 찢거나, 재를 뒤집어쓰는 것은 유대인들이 극한 괴로움을 표현하는 방법이다.

민 14:6-8
그 땅을 정탐한 자 중 눈의 아들 여호수아와 여분네의 아들 갈렙이 자기들의 옷을 찢고 이스라엘 자손의 온 회중에게 말하여 이르되 우리가 두루 다니며 정탐한 땅은 심히 아름다운 땅이라 여호와께서 우리를 기뻐하시면 우리를 그 땅으로 인도하여 들이시고 그 땅을 우리에게 주시리라 이는 과연 젖과 꿀이 흐르는 땅이니라

여호수아와 갈렙은 "너희들 하나님이 애굽 왕에게 행한 열 가지 기적을 보지 못했느냐? 홍해를 가르고 애굽 왕을 거기에 수장하는 것을 보지 못했느냐? 날마다 하늘에서 내려온 만나를 먹지 않았느냐? 너희가 여호와의 말씀을 거역하다니 제정신이냐?" 하고, "우리가 만나를 먹었지만, 우리 자식까지 이 모래 밭에서 살게 할 것이냐? 우리가 정탐한 곳은 하나님이 약속하신 대로 젖과 꿀이 흐르는 기가 막힌 땅이더라. 여호와께서 그 땅을 우리에게 주실 것이다."라고 한 것이다.
　이것은 믿음의 고백이다. 하나님이 주신 약속의 말씀을 소유하고, 그 말씀에 대한 믿음을 고백한 것이다.

민 14:9
다만 여호와를 거역하지는 말라 또 그 땅 백성을 두려워하지 말라 그들은 우리의 먹이라 그들의 보호자는 그들에게서 떠

났고 여호와는 우리와 함께 하시느니라 그들을 두려워하지 말라 하나

이 세상은 우리의 먹이다. 우리가 하나님의 비전을 소유하고 있고, 우리가 하나님의 말씀을 소유하고 있다면, 이 세상은 모두 우리의 먹이다. 이 세상 사람들에게는 보호자가 없다. 마귀나 죽은 조상이 보호자가 될 수 없다. 이 세상 사람들 즉, 하나님 믿지 않는 사람들은 보호자가 없다. 부모도 평생 동안 보호자가 될 수 없다. 그러나 하나님은 영원히 우리와 함께 하시며 우리를 보호하신다.

믿음이 없는 이스라엘 백성들에게 하나님은 "내 영광과 애굽과 광야에서 행한 이적을 보고서도 내 목소리를 청종하지 아니한 사람들은 내가 그들의 조상들에게 맹세한 땅을 결단코 보지 못할 것이다. 내가 너희를 구원하여 왕으로 다스리고자 하는 이 젖과 꿀이 흐르는 가나안 땅, 아브라함에게 약속한 땅, 또 아브라함의 후손들에게 주겠다고 약속한 땅을 결단코 보지도 못하고 여기서 다 죽게 될 것이다."라고 하셨다.[10]

애굽에서 나온 이스라엘 백성들처럼 우리는 광야에서 헤매고 있을 수는 없다. 비전 없이, 사명 없이, 믿지 않는 사람들의 종노릇을 하다가 이 세상을 떠날 수는 없다.

---

10) 민수기 14:22~23 참조

하나님은 갈렙의 마음은 그 백성들과 다르다고 하셨다. 갈렙이 그들과 다른 것은 하나님이 주신 비전과 말씀을 온전히 붙잡고 있었기 때문이다. 하나님의 축복 계획을 온전히 붙잡고 있었던 것이다.

> 민 14:24
> 그러나 내 종 갈렙은 그 마음이 그들과 달라서 나를 온전히 따랐은즉 그가 갔던 땅으로 내가 그를 인도하여 들이리니 그의 자손이 그 땅을 차지하리라

하나님은 "갈렙은 나를 온전히 따랐으므로 그가 갔던 땅으로 내가 그를 인도하고, 그의 자손이 그 땅을 차지할 것이다."라고 하셨다. 우리가 하나님을 위하여 왕이 되려면, 먼저 우리는 하나님의 말씀을 소유해야 한다. 갈렙은 하나님의 말씀을 소유하고 있었다.

하나님에 대한 믿음을 소유한다
(갈렙 같은 믿음을 갖는다)

광야 생활 40년이 끝나고 여호수아와 갈렙, 그리고 새로운 세대만이 가나안 땅에 들어갔다. 그들은 가는 곳마다 전쟁에서 이겼다. 여리고 성은 돌기만 했는데 하나님이 무너뜨

려주셨다. 가나안 땅, 하나님이 약속하신 땅, 아브라함이 바라봤던 땅의 대부분은 그들의 것이 되었다. 그리고 이제 땅을 나눠 갖는 단계가 되었다.

수 11:23
이와 같이 여호수아가 여호와께서 모세에게 말씀하신 대로 그 온 땅을 점령하여 이스라엘 지파의 구분에 따라 기업으로 주매 그 땅에 전쟁이 그쳤더라

그런데 헤브론 산 등 성이 튼튼한 곳에는 아직 적들이 남아 있는 상태였다. 갈렙은 하나님이 가데스 바네아에서 45년 전에 하신 말씀을 간직하고 있었다. 당시 그는 40세였는데 이제 85세가 되었다.[11]

여호수아 14장은 갈렙이 헤브론을 기업으로 받는 이야기다. 갈렙은 여호수아에게 이렇게 말했다. "여기가 바로 우리가 젖과 꿀이 흐르는 가나안 땅에 들어가자고 했을 때, 사람들이 못 들어간다 해서 그만 두었던 곳입니다. 여기가 바로 정탐꾼 열두 명을 보냈던 그곳입니다. 나는 이 땅을 정탐하고 성실하게 보고했습니다. 그리고 나는 내 하나님 여호와께 충성하였으므로 모세가 이르기를 내 발로 밟는 땅은 영원히 나와 나의 자손의 기업이 되리라고 하였습니다."

---

11) 여호수아 14:10 참조

수 14:6-9

그 때에 유다 자손이 길갈에 있는 여호수아에게 나아오고 그니스 사람 여분네의 아들 갈렙이 여호수아에게 말하되 여호와께서 가데스 바네아에서 나와 당신에게 대하여 하나님의 사람 모세에게 이르신 일을 당신이 아시는 바라 내 나이 사십 세에 여호와의 종 모세가 가데스 바네아에서 나를 보내어 이 땅을 정탐하게 하였으므로 내가 성실한 마음으로 그에게 보고하였고 나와 함께 올라갔던 내 형제들은 백성의 간담을 녹게 하였으나 나는 내 하나님 여호와께 충성하였으므로 그 날에 모세가 맹세하여 이르되 네가 내 하나님 여호와께 충성하였은즉 네 발로 밟는 땅은 영원히 너와 네 자손의 기업이 되리라 하였나이다

갈렙은 하나님의 말씀을 믿음으로 붙잡고 있었다. "네가 내 하나님 여호와께 충성하였은즉 네 발로 밟는 땅은 영원히 너와 네 자손의 기업이 되리라."라는 말은 바로 45년 전 이스라엘 백성들이 이제 죽게 되었다고 통곡하면서 하나님을 믿고 가나안으로 들어가자는 사람들을 돌로 치려고 했을 때, 하나님이 나타나셔서 하신 약속의 말씀이며, 그것을 모세가 다시 맹세하여 갈렙에게 일러준 말씀이다. 그 때 하나님의 말씀을 다시 보자.

민 14:24
그러나 내 종 갈렙은 그 마음이 그들과 달라서 나를 온전히 따랐은즉 그가 갔던 땅으로 내가 그를 인도하여 들이리니 그의 자손이 그 땅을 차지하리라

갈렙은 이 말씀을 땅을 나누는 자리에서 했다. 믿음이란 당신에게 주신 예언, 당신에게 주신 말씀을 이루어질 때까지 붙잡는 것이다. 갈렙은 45년 동안 그 말씀을 붙잡았다. 제사장이 왕의 역할을 하는 당신에게 비전을 주면 당신은 그것이 이루어질 때까지 믿음으로 붙잡고 있어야 한다.

수 14:10-12
이제 보소서 여호와께서 이 말씀을 모세에게 이르신 때로부터 이스라엘이 광야에서 방황한 이 사십오 년 동안을 여호와께서 말씀하신 대로 나를 생존하게 하셨나이다 오늘 내가 팔십오 세로되 모세가 나를 보내던 날과 같이 오늘도 내가 여전히 강건하니 내 힘이 그 때나 지금이나 같아서 싸움에나 출입에 감당할 수 있으니 그 날에 여호와께서 말씀하신 이 산지를 지금 내게 주소서 당신도 그 날에 들으셨거니와 그 곳에는 아낙 사람이 있고 그 성읍들은 크고 견고할지라도 여호와께서 나와 함께 하시면 내가 여호와께서 말씀하신 대로 그들을 쫓아내리이다 하니

그리고 갈렙은 "하나님이 나를 지금까지 생존하게 하셨다."고 했다. 왜 이 사람은 85세가 되도록 죽지 않았는가? 하나님의 약속, 그 비전을 붙잡고 있었기 때문에 그는 죽을 수도 없었고, 하나님이 죽도록 허락하지도 않았던 것이다. 그리고 갈렙은 "내가 지금 85세이지만, 모세가 나를 정탐하러 보냈던 날과 같이 힘이 있으니 싸움을 감당할 수 있다."고 했다.

이어서 그는 "그 날에 여호와께서 내게 말씀하신 이 산지를 내게 주십시오."라고 한다. 이것이 85세의 노인이 한 말이다. 갈렙이 붙잡고 있었던 그 말씀이 드디어 이루어지는 순간이 되었던 것이다. 우리는 말씀을 소유만 하는 것이 아니라, 갈렙 같이 말씀이 이루어질 것이라는 믿음도 소유해야 한다. 갈렙은 그 말씀이 이루어질 것을 믿고 체력관리도 했을 것이다.

그러자 여호수아는 갈렙에게 축복하고 헤브론을 그에게 주고, 이와 같이 된 것은 갈렙이 여호와를 온전히 좇았기 때문이라고 했다.

> 수 14:13-14
> 여호수아가 여분네의 아들 갈렙을 위하여 축복하고 헤브론을 그에게 주어 기업을 삼게 하매 헤브론이 그니스 사람 여분네의 아들 갈렙의 기업이 되어 오늘까지 이르렀으니 이는 그가 이스라엘의 하나님 여호와를 온전히 좇았음이라

갈렙은 그동안 모든 전쟁을 수행하면서 여호수아에게 충성했다. 여호수아가 가나안 땅을 혼자 점령한 것이 아니다. 갈렙 같이 하나님을 온전히 따르는 사람이 있었기 때문이다. 그리고 갈렙은 그의 믿음으로 헤브론 산을 기업으로 받게 되었다.

하나님의 기업을 물려준다
(갈렙 같이 기업을 물려준다)

갈렙이 헤브론에서 얼마나 살았는지는 모른다. 비전을 이루기 위하여 85세까지 살아왔고, 마침내 젖과 꿀이 흐르는 가나안 땅 헤브론 땅을 차지했는데, 죽으면 아깝지 않겠는가? 그런데 성경은 그렇게 말하지 않는다. 예수 믿지 않는 세상 사람들은 돈을 많이 벌어놓고, 큰 집과 별장까지 마련해두었는데 죽으면 아깝겠지만, 믿는 사람들은 그렇게 생각할 필요가 없다. 갈렙은 어떻게 했는지 보자.

수 15:16-17
갈렙이 말하기를 기럇 세벨을 쳐서 그것을 점령하는 자에게는 내가 내 딸 악사를 아내로 주리라 하였더니 갈렙의 아우 그나스의 아들인 옷니엘이 그것을 점령함으로 갈렙이 자기 딸 악사를 그에게 아내로 주었더라 갈렙은 헤브론 땅에 있는 거인의 자손들을 다 쫓아버렸고, 그 북쪽에 있는 땅도 차지했다. 또, 그는 기럇 세벨을 점령하는 자에게는 딸 악사를 아내로 주겠다고 했다. 그래서 갈렙의 아우 그나스의 아들인 옷니엘이 그것을 점령하게 되고, 갈렙은 약속대로 딸 악사를 옷니엘에게 아내로 주었다.

대부분의 사람들은 많은 재산을 갖게 되면 그것을 그냥 자식에게 물려준다. 갈렙은 어떻게 했는지 보자. 그는 "내가 헤브론까지 쳤으니, 그 다음 땅을 칠 사람은 누구인가? 그를 내 사위로 삼겠다."라고 한 것이다. 그는 믿음으로 살아 왔고, 개척정신으로 살아서 이제 왕으로서 다스리고 있는데, 사위도 자신과 같은 사람을 보겠다는 것이다.

당신이 속한 교회가 네팔을 선교했는데, 아직 미얀마를 선교하지 못했다면, "누구 미얀마에 선교사 나갈 사람 없는가? 그 사람에게 나의 외동딸을 주겠다."라고 하는 것과 같다. 비록 그 당시가 구약시대이기 때문에 마음대로 딸을 줄 수 있었겠지만, 믿음의 사람인 갈렙은 그런 정신으로 살았던 것이다.

그래서 갈렙은 자기와 같은 영을 가진 사람을 사위를 맞이했다. 그러니 그 땅은 결국 사위와 딸의 소유가 된 것이다. 그는 얼마나 행복했겠는가! 이 정도만 해도 충분히 복을 받았는데, 하나님의 축복은 여기서 끝나지 않았다.

여호수아가 가나안 땅을 점령한 이후부터 이스라엘에 왕이 세워질 때까지 사사시대가 열린다. 가나안 땅에 들어간

이스라엘 백성들은 곧 타락하여 하나님을 잘 섬기지 않게 되었다. 그로 말미암아 그들은 8년 동안 메소보다미아[12] 왕의 통치를 받는다. 그래서 이스라엘 백성들이 하나님께 구원해 달라고 부르짖자, 하나님은 한 구원자를 세운다.

> 삿 3:9
> 이스라엘 자손이 여호와께 부르짖으매 여호와께서 이스라엘 자손을 위하여 한 구원자를 세워 그들을 구원하게 하시니

그 구원자는 메소보다미아 왕을 치고 자기 백성을 구하여 이스라엘의 첫 사사가 되는데, 그 사람이 바로 갈렙의 사위인 옷니엘이다. 이스라엘 백성이 가나안 땅을 점령한 후 첫 번째 사사 즉, 왕이 된 것이다.

> 삿 3:10-11
> 여호와의 영이 그에게 임하셨으므로 그가 이스라엘의 사사가 되어 나가서 싸울 때에 여호와께서 메소보다미아 왕 구산 리사다임을 그의 손에 넘겨 주시매 옷니엘의 손이 구산 리사다임을 이기니라 그 땅이 평온한 지 사십 년에 그나스의 아들 옷니엘이 죽었더라

---

12) 메소포타미아(Mesopotamia). 서남아시아의 티그리스 강과 유프라테스 강 사이에 있는 지역. 이라크를 중심으로 시리아 북동부와 이란 남서부를 포함한다.

옷니엘은 40년 동안 이스라엘을 다스렸다. 그는 갈렙의 사위다. 그는 왕의 축복을 누렸다. 당신은 왕의 축복을 놓치겠는가? 우리는 하나님이 주신 기업, 그 축복을 놓쳐서는 안 된다. 갈렙과 같이 하나님을 위한 왕이 되어보자. "너희는 먼저 그의 나라와 그의 의를 구하라. 그리하면 이 모든 것을 너희에게 더하시리라."라고 하신 예수님의 말씀을 잊지 말자.

우리가 하나님을 위한 왕이 된다면, 이 세상을 떠날 때 갈렙과 같이 기업을 물려줄 수 있다. 갈렙과 같은 정신을 가진 사람에게 기업을 물려주고 언제든지 기쁜 마음으로 이 세상을 떠날 수 있다.

왕으로서 당신의 사역은 참으로 귀한 것이다. 하나님을 위한 왕이 되는 길은 비전을 소유하는 것이고, 말씀을 붙잡고 놓치지 않는 것이며, 끝까지 믿음으로 살면서 당신의 기업을 물려주는 것이다.

제 4 장

하나님 왕국의 결산 기준

　예수님은 우리를 그의 피로 죄에서 해방시키시고, 우리를 구원하시고, 우리를 하나님을 위하여 왕과 제사장으로 삼으셨다. 하나님은 이미 우리를 왕이나 제사장으로 삼으려고 계획하고 만드셨다. 구원받고 하나님의 자녀가 된 사람은 모두 하나님의 나라를 위하여, 하나님을 위하여 왕과 제사장이 되도록 만드셨다는 것이다.

　우리 인생에서 무엇보다도 중요한 것은 왕이든지, 제사장이든지 자기의 사명을 감당하는 것인데, 하나님은 이 두 사역이 함께 조화를 이룰 때 각각의 사명이 잘 감당될 수 있도록 하셨다. 그래서 제사장은 하나님의 비전, 하나님의 뜻을 계속 선포해서 왕들이 이 세상의 다른 원리나 우상을 따라가지 않고 하나님의 뜻과 계획 가운데 살게 해야 한다.

　제사장이 하나님의 계시를 받아도 그가 받은 하나님의 비전을 함께 이루려는 왕들이 없으면 세상을 다스릴 수 없다. 그러므로 사단의 전략은 어찌하든지 왕과 제사장이 하나가 되지 못하게 함으로써 그들이 사명을 잘 감당하지 못하도록 방해하는 것이다.

그리스도인이 이 세상을 떠나게 되면, 하나님 왕국의 기준에 따라 결산을 하게 된다. 비전이 없는 삶을 산 왕들은 하나님 앞에서 어떤 것을 남겼다고 말할 수 있겠는가? 그런 삶을 산 왕들은 하나님 앞에 가져갈 것이 없을 뿐만 아니라, 이 땅에서도 힘든 삶을 살게 된다.

비전이 없는 왕의 삶

묵시가 없으면 백성이 방자히 행한다고 했다. 제사장들과 동맹관계가 없는 왕은 제사장으로부터 하나님의 부르심에 대한 이야기를 듣지 못한다. 그래서 인생을 낭비하게 되고, 목적을 놓치는 삶을 살게 된다. 가야할 방향을 놓치면 아무리 열심히 달려도 엉뚱한 데로 간다. 비전이 없는 왕들은 왕으로서 사명을 감당하지 못하며, 다음과 같은 문제에 빠지게 된다.

삶이 걱정거리가 된다

제사장을 통하여 하나님의 나라에 대한 비전과 그것에 대한 깨달음이 없으면, 하나님에 대한 믿음도 없고, 하나님 나라에 대한 믿음도 없기 때문에, 인생의 모든 문제는 자신이 직접 책임져야 하는 걱정거리가 된다.

마 6:30-32
오늘 있다가 내일 아궁이에 던져지는 들풀도 하나님이 이렇게 입히시거든 하물며 너희일까보냐 믿음이 작은 자들아 그러므로 염려하여 이르기를 무엇을 먹을까 무엇을 마실까 무엇을 입을까 하지 말라 이는 다 이방인들이 구하는 것이라 너희 하늘 아버지께서 이 모든 것이 너희에게 있어야 할 줄을 아시느니라

예수님은 "오늘 있다가 내일 아궁이에 던져지는 들풀도 하나님이 이렇게 입히시는데 하물며 너희들을 그냥 놔둘 것 같으냐? 이 믿음이 작은 자들아!"라고 말씀하셨다. 우리를 먹이시고 입히시는 하나님을 알고, 하나님의 섭리를 알고, 하나님의 사랑을 알면, 아들을 주시기까지 우리를 사랑하신 그분이 무엇이든지 주신다는 것을 알 수 있다.

그리스도의 십자가의 사랑을 아는 사람은 하나님의 사랑을 알고 있다. 그런데 아버지가 없는 사람들, 아버지를 모르는 사람들, 그리고 아버지를 알아도 모든 것을 책임져주신다는 그분에 대한 믿음이 없으면 이방인과 같이 염려하며 살게 된다. 아버지가 없는 이방인은 고아와 같은 것이

다. 부모가 있는 아이들은 성장하는 동안 먹고, 자고, 입는 것을 걱정하지 않아도 된다. 왜냐하면 아버지가 해결해주기 때문이다.

그러나 아버지 없는 고아 같은 삶은 당장 직장, 돈, 건강, 자식, 노후 등 삶의 모든 것들이 걱정거리가 된다. 자신이 스스로 돌봐야하기 때문이다. 이런 것은 다 이방인들이 구하는 것이고, 하늘 아버지는 이 모든 것이 우리에게 있어야 할 줄을 아신다고 했다.

마 6:33
그런즉 너희는 먼저 그의 나라와 그의 의를 구하라 그리하면 이 모든 것을 너희에게 더하시리라

그래서 예수님은 우리는 먼저 하나님의 나라와 하나님의 의를 구하라고 하셨다. 그러면 하나님이 우리가 필요로 하는 것들을 모두 주신다고 하셨다. 하나님의 의(righteousness)를 구한다는 것은 하나님과 좋은 관계, 의로운 관계를 갖는 것이다.

우리가 하나님 앞에 죄책감이나, 두려움이나, 열등감 없이 하나님과 사귀고, 하나님의 뜻을 알고, 하나님을 기쁘게 하고, 또 하나님으로 말미암아 우리가 기뻐하는 것처럼 하나님과 우리 사이에 좋은 관계가 이루어지면, 하나님은 우리가 필요로 하는 모든 것을 주신다는 것이다.

자기 비전을 따라 자기 왕국을 세운다

어느 정도 재산을 모아놓았고, 건강하고, 자식들도 잘 키워서 부족함이 없어서 하나님의 나라와 의를 위하여 살지 않는 그리스도인들이 있을지도 모른다. 그와 같이 풍족함으로 인해 비전이 없이 사는 그리스도인들은 자기 욕심을 따라 자기 왕국을 세우게 된다.

신 8:18
네 하나님 여호와를 기억하라 그가 네게 재물 얻을 능력을 주셨음이라 이같이 하심은 네 조상들에게 맹세하신 언약을 오늘과 같이 이루려 하심이니라

하나님은 언약을 이루신다고 했다. 오늘날 하나님의 언약은 무엇인가?
예수 그리스도로 말미암아 모든 믿는 자의 죄를 용서해 주시고, 하나님의 자녀로 삼아주시겠다고 하는 새 언약이다. 그의 피로 우리를 죄에서 해방하실 뿐만 아니라, 아버지를 위하여 왕과 제사장으로 삼으신다는 것이다. 그것을 위하여 우리에게 재물을 얻을 능력을 주셨는데, 하나님을 기억하지 않고, 그분이 주신 비전을 가지고 있지 않는다면 어떻게 되겠는가?

신 8:19
네가 만일 네 하나님 여호와를 잊어버리고 다른 신들을 따라 그들을 섬기며 그들에게 절하면 내가 너희에게 증거하노니 너희가 반드시 멸망할 것이라

　하나님을 잊어버리고 다른 신들을 섬기고 그들에게 절하면 반드시 멸망할 것이라고 했다.
　먼저 하나님의 나라와 그의 의를 구하라고 하셨는데, 하나님보다 자기가 먼저인 것이 바로 우상숭배이다. 자기가 우상이 된 것이다. 자기의 가치, 자기의 걱정거리, 자기의 사업, 자기의 꿈과 같은 것들은 겉모양은 아름답지만 하나님과는 아무 관계가 없다.
　그래서 하나님의 나라와 의를 먼저 구하는 사람은 하나님이 반드시 축복하시고, 능력을 주시고, 그를 통하여 영광을 받으시겠지만, 반대로 하나님을 잊어버리고, 자신을 위한 왕국을 건설하고, 자신을 위해 우상을 섬기면서 살면 반드시 멸망할 것이라는 것이다. 무시무시한 이야기지만 분명히 그렇게 말씀하고 있다.
　이처럼 비전이 없는 왕은 결국 모든 삶이 걱정거리가 되어 살거나 자기 왕국을 건설하며 살면서, 하나님을 위한 왕으로서의 사명은 감당하지 못하게 된다.

비전을 갖지 못하게 하는 사단의 전략

우리는 종종 목사와 장로, 집사, 성도들의 갈등이 심한 교회를 본다. 그것은 제사장과 왕들의 갈등이며, 사단이 바라는 것이다. 이처럼 왕과 제사장을 이간하여 상호 좋은 관계를 갖지 못하게 함으로써 왕들이 하나님의 비전을 갖지 못하도록 하는 사단의 대표적인 두 가지 전략을 보자.

교회에 가지 않도록 한다

그리스도인이라도 교회에 나가지 않아 주일 예배에 실패하면, 교회의 비전을 공유하지 못한다. 교회에 빠지지 않고 나갈 때 교회의 비전이 자신의 것이 되는 것이다. 만일, 당신이 나가는 교회의 비전이 당신의 것이 되지 못한다면, 무엇이 당신의 비전이 되겠는가? 그것이 어떤 교회이든지 교회에 주신 하나님의 비전을 자신의 것으로 소유하지 못한다면 왕의 역할을 할 수 없다.

목사와 좋은 관계를 맺지 못하게 한다

친구간의 관계, 부부간의 관계, 담임목사와 성도간의 관계, 성도 상호간의 관계 등 모든 인간관계는 어떻게 만들어지는가? 관계를 만들기 위해서는 몇 가지 중요한 요소가 있다. 먼저 서로 신뢰와 존경을 해야 한다. 서로 의심하고 무시하면 그 관계는 금방 상처를 입고 오래가지 못한다. 또, 서로 사랑하고 배려해야 한다.

좋은 관계가 오랫동안 지속되기 위해 가장 중요한 것은 가치관을 공유하는 것이다. 인생의 목적이 같아야 하고, 신앙이 같아야 하고, 교회에 대한 관점이 같아야 좋은 관계가 지속될 수 있다. 그렇지 않으면 좋은 관계로 발전할 수 없다.

이처럼 좋은 관계는 서로 신뢰하고, 존경하고, 사랑과 배려를 아끼지 않아야 하고, 나아가 가치관을 공유해야 한다. 왕과 제사장의 관계도 마찬가지다. 목사의 설교가 무슨 의도가 있는 것인지 의심스럽고, 또 목사가 성도들을 의심하게 되면 좋은 관계가 이루어질 수 없다. 그렇게 되면, 왕과 제사장은 아름다운 동맹관계를 이루지 못한다.

큰 교회든지 작은 교회든지, 항상 뒷전에서 왔다 갔다 하고, 교회에는 전혀 헌신하지 않는 그리스도인들이 있다. 그들은 담임목사와 가치관이 공유되지 않았기 때문이다. 그런 그리스도인들은 믿음이 없어서 근심 걱정하며 살거나, 아니면 자기의 비전에 따라 자기의 왕국을 만들며 산다. 당연히 하나님의 왕국을 위한 왕으로서의 사명을 감당하지 못한다. 이것이 사단이 원하는 것이다.

세상을 다스리는 왕들에 대한 결산

마태복음 25장은 달란트 비유로 청지기의 사명에 대해 이야기 한다. 이 말씀을 통해서 왕들이 어떻게 살아야 되며, 하나님의 왕국에서는 어떻게 결산하는지를 보자.

마 25:14-15
또 어떤 사람이 타국에 갈 때 그 종들을 불러 자기 소유를 맡김과 같으니 각각 그 재능대로 한 사람에게는 금 다섯 달란트를, 한 사람에게는 두 달란트를, 한 사람에게는 한 달란트를 주고 떠났더니

왕은 다스릴 사명을 받았다

베드로전서 2장 9절을 보면, 우리는 택한 족속이요, 왕 같은 제사장들이요, 거룩한 나라요, 하나님의 소유가 된 백성이라고 했다. 우리는 하나님의 소유가 된 백성이다. 구약시대의 종들은 주인의 소유물이다. 달란트의 비유에서도 보면, 주인은 자신의 종들에게 재산 즉, 소유를 맡긴 것이다. 주인의 소유인 종들에게 그 주인의 소유인 재산을 다스릴 책임이 주어졌다.

달란트라고 하면 재능이나 돈 같은 것을 주로 생각한다. 그러나 시간도 무엇보다 중요한 달란트다. 원래 달란트란 금

의 무게를 달던 그 당시의 단위였다.[13] 금 한 달란트는 지금 돈으로 약 20억 원이 넘을 것이다. 어마어마한 돈이다. 한 달란트 받는 사람은 적게 받았다고 생각하는데, 그게 아니다. 제일 적게 받은 사람이 20억, 두 달란트는 40억, 다섯 달란트는 100억이다. 주인이 이렇게 많은 재산을 종들에게 맡겼다는 것이다.

만일 당신이 매일 은행에서 864,000원을 받는다고 생각해 보자. 그런데 그 돈을 그날 자정까지 써야 된다. 쓰지 않으면 그냥 반납해야 한다. 그리고 그 다음날 가면 또 864,000원을 받는다. 1초를 10원으로 계산하면, 하루는 864,000원이다.

'나는 재주도 별로 없고, 돈도 없다.'고 생각을 할 수도 있다. 그러나 누구나 똑같이 시간이라는 달란트를 받는다. 당신은 이 시간에 운동도 하고, 요리도 하고, 가족과 대화도 하고, 학교에 다니기도 하고, 책을 읽기도 하고, 교회에 가기도 하고, 전도하기도 한다. 똑같은 시간이지만 사람마다 하는 일은 너무나 다르다.

우리는 왕처럼 다스릴 사명을 받았다. 시간을 다스리는 것은 당신이 결정하는 것이다. 당신이 받은 시간에 대해서는

---

[13] 달란트는 원래 많은 양의 금이나 은을 다는 무게의 단위로 1달란트는 약 34.27Kg이다. 화폐 단위로서 1달란트는 6,000드라크마이다. 1드라크마는 로마의 은전 1데나리온에 상응하며 당시 품꾼의 하루 품삯 정도로 본다.(「아가페 성경사전」, 「Eastons Bible Dictionary」 참조)

아무도 간섭하지 않는다. 그 시간은 전적으로 당신이 다스려야 한다. 당신의 권리요, 자유다. 당신의 시간은 당신의 인생이다. 당신에게 주어진 시간을 어디에 썼느냐가 바로 당신의 인생이다. 인생은 오늘 당신이 은행에서 864,000원을 받아와서 저녁때까지 안 쓴 것은 버리고, 내일 또 받아와서 쓰는 것을 계속 반복하는 것이다.

그런데, 어떤 목적을 위해서 쓰면 그것은 남는다. 당신이 아이들을 위해서 밥을 하고, 빨래를 하고, 학교에 보내는 가정주부라고 생각해보자. 이 아이가 예수 그리스도의 제자가 되는 삶을 살도록 모범을 보이고 가르치고 한다면, 당신은 하나님 나라의 좋은 일꾼 곧, 좋은 왕, 좋은 제사장 될 사람을 기르는 것이므로 이는 하나님의 나라와 의를 구하는 일을 하는 것이다.

그러나 하나님으로부터 나온 가치관을 갖지 못함으로써 제사장의 비전을 아이에게 심어주지 않는다면, 당신은 그 아이를 아무리 잘 먹이고, 공부를 잘하도록 만들어도 나중에 뭐가 될지 모른다. 감옥에 가면 수많은 범죄자들이 있다. 그 사람들의 어머니가 그들을 기를 때 어느 누구에게도 범죄자가 되라고 가르치지 않았다. 그러나 그들에게 하나님의 가치관을 심어주지 않았기 때문에 그런 사람들이 된 것이다.

오늘날 많은 그리스도인들이 있지만, 그들에게 하나님 나라를 위하여 왕과 제사장이 되도록 하는 비전을 심어주지 않고 있기 때문에 교회에 다녀도 하나님이 자신과 함께 하고 있으며, 축복해주신다는 믿음이 생기지 않는 것이다. 그래서 여전히 기도 제목은 걱정거리밖에 없는 것이다. 그런 그리스도인들은 여전히 자신이 주인이기 때문에 자기의 꿈을 위해서 기도한다. 그리고 급할 때 한 번씩 하나님을 찾아서 기도한다. 그런 왕들로는 이 땅에 하나님의 나라를 확장시킬 수가 없다. 그런 그리스도인들은 아무리 많아도 하나님의 나라를 확장하는 데 별로 도움이 되지 않는다.

모든 그리스도인들은 하나님의 비전을 이루기 위해 엄청난 달란트를 받고 세상을 다스릴 사명을 받은 사람들이라는 것을 깨달아야 한다. 그래서 어떤 목적에 그 달란트를 쓸 것인가를 결단하는 것은 매우 중요한 일이다.

왕으로 살기로 결단하기까지 인생은 방황한다

분명하고 결정적인 결단을 하기까지 우리의 인생은 갈등과 방황의 연속이다. 우리는 창세기 14장에서 아브람의 이야기를 보았다. 성경은 그가 어떻게 부자가 되었고, 어떻게 318명이라는 가신을 데리고 있었고, 어떻게 전쟁에 이겼는지에 대해서는 하나도 보여주지 않고 있다. 다만, 네 왕들의 연합군대를 모두 쳐부수고 전리품을 빼앗아가지고 왔다고 했다. 그렇게 하고 돌아오는데 멜기세덱이라고 하는 살렘 왕이자 하나님의 제사장이 나타나서 "너의 원수를 네 손에 붙이신 지극히 높으신 하나님의 이름으로 너를 축복한다."라고 했다.

그 축복을 받은 아브람은 자기가 빼앗아온 전리품의 십분의 일을 드렸다. 이렇게 드린 것은 바로 하나님이 이 모든 능력과 축복과 기회를 자기에게 주신 것이라고 결론이 나있었기 때문이다. 왕으로서 다스리고, 다른 왕을 점령하고, 세상에서 승리하는 삶을 주셨다는 결론이 아브람에게 나있었기 때문이다.

당신이 정말 하나님의 나라에 대해 이와 같은 결론이 나있다면, 당신의 인생은 더 이상 갈등하거나 방황할 일이 없다.

각 사람이 받은 달란트는 다르다

달란트의 비유를 보면 각 사람이 받은 달란트는 달랐다. 다섯 달란트, 두 달란트, 한 달란트를 각각 받았다.

> 마 25:15
> 각각 그 재능대로 한 사람에게는 금 다섯 달란트를, 한 사람에게는 두 달란트를, 한 사람에게는 한 달란트를 주고 떠났더니

갈렙은 자기가 헤브론 땅을 차지하겠다고 했다. 각 사람마다 하나님의 나라를 위하여 비전을 이루기 위해서는 각자는 자기의 땅을 차지해야 된다. 가나안 땅을 점령하듯이 해야 한다.

사람마다 태어난 환경이 다르고, 재능과 경험도 다르다. 또, 하나님이 인정하는 것이 다르다. 하나님은 모든 사람을 아시므로 각 사람에 맞는 일을 맡기실 것이다. 그래서 하나님은 그 재능대로 어떤 사람에게는 다섯 달란트를, 어떤 사람에게는 한 달란트를 나누어 주셨다. 이제 우리는 하나님이 우리에게 나눠주신 것에 대해서 성실하면 된다. 자기가 맡은 것이 어떤 부르심이 되었든지 그 일을 잘하면 된다. 다른 사람과 비교할 필요가 없다.

하나님의 결산 기준

하나님은 날마다 우리에게 시간을 주시고, 기회를 주시고, 복음을 깨닫게 해주시고, 편안한 가운데 교회에 다닐 수 있게 해주시는 등, 여러 가지 환경과 여건을 따라서 우리 각자에게 달란트를 맡겼다. 하나님은 우리의 인생을 우리에게 맡기시고, 우리가 왕으로서 어떤 사명을 감당할 것인지는 우리 각자가 결정할 수 있도록 모든 권한을 주셨다.

우리의 인생은 짧지만, 한편으로는 길다. 그 세월 동안 우리에게 매일매일 주신 것을 쓰지 않으면 그대로 반납하게 된다.

마 25:19
오랜 후에 그 종들의 주인이 돌아와 그들과 결산할새

오랜 세월이 흐른 후, 종들에게 소유를 맡긴 주인이 돌아와서 결산을 하게 된다. 이 이야기를 보면, 달란트를 받은 사람들이 구체적으로 어떤 일을 했는지에 대해서는 언급이 없다. 주인은 무엇을 물었는가? 즉, 그 종들은 주인에게 무엇을 보고했는가? 종들은 그들이 남긴 달란트에 대해서만 이야기를 했다. 이것이 바로 하나님의 결산 기준이다.

> 마 25:20-23
> 다섯 달란트 받았던 자는 다섯 달란트를 더 가지고 와서 이르되 주인이여 내게 다섯 달란트를 주셨는데 보소서 내가 또 다섯 달란트를 남겼나이다 그 주인이 이르되 잘하였도다 착하고 충성된 종아 네가 적은 일에 충성하였으매 내가 많은 것을 네게 맡기리니 네 주인의 즐거움에 참여할지어다 하고 두 달란트 받았던 자도 와서 이르되 주인이여 내게 두 달란트를 주셨는데 보소서 내가 또 두 달란트를 남겼나이다 그 주인이 이르되 잘하였도다 착하고 충성된 종아 네가 적은 일에 충성하였으매 내가 많은 것을 네게 맡기리니 네 주인의 즐거움에 참여할지어다 하고

주인은 다섯 달란트를 받아서 다섯 달란트를 더 남긴 종에게 "잘하였도다. 착하고 충성된 종아. 네가 적은 일에 충성하였으므로 내가 많은 것을 네게 맡기리니 네 주인의 즐거움에 참여하라."라고 하고, 두 달란트를 받아서 두 달란트를

더 남긴 종에게도 똑같은 이야기를 했다. 주인은 그들을 칭찬하면서 더 맡기겠다고 하고, 주인의 즐거움에 참여하게 하겠다고 했다.

당신이 열심히 했는데 잘 안되었다고 하는 변명은 필요가 없다. 당신이 충성했는데 결과가 좋지 않았다고 하는 것은 아무런 소용이 없는 이야기다. 실패한 사람들이 대부분 하는 말은 "그렇게 하려고 했었는데 안했다."고 하는 것이다.

인생도 마찬가지다. 달란트를 맡긴 주인은 이유를 물어보지 않고 오직 얼마를 남겼는지를 확인했다. 너무 계산적이고, 너무 사업적인가? 하나님 곧, 주인이 그 소유물에게 주인의 것을 맡겼는데 당연히 그렇게 요구할 권리가 있지 않겠는가?

우리는 예수의 피로 값 주고 산 자들이다. 우리는 누구나 똑 같이 하나님께 팔린 종이다. 오늘도 여전히 하나님은 우리에게 시간과 기회를 주시고, 똑 같은 말씀을 선포하신다. 이것을 자신의 것으로 삼아서 하나님을 위하여 왕과 제사장의 역할을 감당할 때 하나님은 우리가 필요로 하는 모든 것을 더하여 주시겠다고 약속하셨다. 이제 우리는 이 받은 것을 가지고서 무엇을 하고 있고, 얼마를 남기고 있는지를 확인해봐야 한다.

하나님은 마지막에 결산할 때 얼마나 남겼는지 밖에 확인하지 않으신다. 그 중간에 이루어진 놀라운 일들은 모두 생략되어 있다. 그것은 그 과정 하나하나마다 하나님이 함께 하시고, 하나님이 도와주셔서, 그런 것들이 하나님의 덕을 드러내는 간증거리가 되게 하시겠다는 것이다.

벧전 2:9
그러나 너희는 택하신 족속이요 왕 같은 제사장들이요 거룩한 나라요 그의 소유가 된 백성이니 이는 너희를 어두운 데서 불러 내어 그의 기이한 빛에 들어가게 하신 이의 아름다운 덕을 선포하게 하려 하심이라

멜기세덱과 아브람과 같이, 갈렙과 여호수아와 같이, 우리가 왕과 제사장으로서 하나님의 동맹군대가 되어 이 땅에서 각각의 사명을 잘 감당하면, 하나님은 그 모든 과정 가운데 우리와 함께 하여 영광을 받으시겠다는 것이다.
 우리는 남긴 것을 가지고 하나님 아버지 앞에서 큰 칭찬을 받을 것이다. 한편, 이 땅에 사는 동안에는 고생도 할 수 있을 것이다. 그러나 하나님은 우리를 그의 빛 가운데로 들어가게 하시고, 그분의 아름다운 덕을 선전할 수 있는 기회를 우리에게 계속 주신다는 것이다. 그러므로 하나님의 나라와 복음을 위하여 왕과 제사장의 연합군대가 된 사람들은 삶의 모든 일 가운데 하나님이 함께 하신다는 간증이 따라온다는 것이다.
 그러나, 한 달란트를 받아서 묻어두었다가 야단맞은 사람의 경우는 다르다.

마 25:24-25
한 달란트 받았던 자는 와서 이르되 주인이여 당신은 굳은 사람이라 심지 않은 데서 거두고 헤치지 않은 데서 모으는 줄을 내가 알았으므로 두려워하여 나가서 당신의 달란트를 땅에 감추어 두었었나이다 보소서 당신의 것을 가지셨나이다

한 달란트 받았던 자는 두려워서 땅에 감추어 두었다고 했다. 사람들이 인생에 실패하는 것은 모두 두려움 때문이다. 두려움이 믿음을 앞서면 성공할 수 없다. 사람들과의 관계도 그렇다. 부정적인 것보다 긍정적인 것을 바라봐주고, 상대방을 신뢰하고 기대해주어야 한다. 위험요소는 항상 있기 마련이다.

마 25:26
그 주인이 대답하여 이르되 악하고 게으른 종아 나는 심지 않은 데서 거두고 헤치지 않은 데서 모으는 줄로 네가 알았느냐

주인은 한 달란트 받은 사람에게 "악하고 게으른 종아, 나는 심지도 않은데서 거두고, 투자하지도 않은데서 거둔 줄 아느냐?"라고 이야기한다. 세상적인 눈으로 보면, 사실 이 종이 무슨 악한 짓을 한 것은 아니다. 그 돈으로 도박을 하거

나, 무슨 못된 짓을 한 것은 아니다. 그러나 주인은 그가 단지 두려워서 이것을 갖다가 사용하지 않고 땅에 묻어둔 것에 대해 질책을 한다.

하나님은 심지도 않고 거두시는 분이 아니다. 세상을 창조하셨고, 우리가 심으면 자라게 하시는 분이다. 우리가 하는 일들은 모두 위험이나 어려움이 있지만, 그럼에도 불구하고 하는 것이다. 결혼도 마찬가지다. 젊은 청춘 남녀들의 결혼에도 위험이 있다. 그러나 우리는 하나님 앞에 기도하면서 이 중요한 일을 시도하는 것이다.

이런 관점에서 다시 보면, 이 종은 악하고 게으르다. 다섯 달란트와 두 달란트를 받은 사람은 그것으로 장사를 했다고 했다. 이 세상에서 돈 벌기가 쉬운 것이 아니다. 갑절로 남기려면 어렵고, 힘들고, 또 망할 위험을 감수해야 하는 것이다.

마 25:28-30
그에게서 그 한 달란트를 빼앗아 열 달란트 가진 자에게 주라 무릇 있는 자는 받아 풍족하게 되고 없는 자는 그 있는 것까지 빼앗기리라 이 무익한 종을 바깥 어두운 데로 내쫓으라 거기서 슬피 울며 이를 갈리라 하니라

이 종에 대한 하나님의 결론은 무엇인가? 하나님 나라에 아무런 유익이 없는 무익한 종이라는 것이다. 이것이 결론이

다. 인간적인 판단이 아니라, 하나님의 비전과 하나님의 관점에서 본다면, 우리도 하나님의 나라에 유익한 사람이 될 수도 있고 무익한 사람이 될 수도 있다.

예수 믿은 지 얼마 되지 않은 어린아이와 같은 성도는 사실 유익이 되지 않는다. 지금은 그냥 잘 양육되면 되는 것이다. 어린아이들이 성장할 때는 다치지 않고 공부만 열심히 하면 되는 것과 같다. 그러나 성인들은 자기가 속한 교회에 유익해야 한다. 하나님이 소유를 맡겼으니 이제 왕의 사명을 감당해야 되지 않겠는가? 이제 자기 스스로 시간과 재물을 관리할 수 있는 경영자가 되어야 하지 않겠는가? 하나님의 관점에서 보면, 당신은 유익하든지 무익하든지 그 둘 중 어느 한 쪽이라는 사실이다.

우리의 인생은 이처럼 하나님 앞에서 판단될 날이 다가오고 있다. 하나님의 나라와 의를 구하라는 것을 추상적으로 생각할 필요가 없다. 우리가 속한 교회가 하나님의 나라이다. 이 교회의 비전이 우리의 비전이다. 여기서 우리는 무엇을 감당해야 하는가? 맡은 것만큼 유익한 것이다. 맡은 것만큼 잘한 것이고, 착하고, 충성된 종의 역할을 한 것이다. 그러나 두려워하고, 게을러서 아무 것도 못하고 세월만 보내면 무익한 종이 된다. 교회에서 무익한 사람은 곧, 하나님의 나라에도 무익하다.

하나님은 우리에게 동기나 변명을 듣지 않으신다. 그것은 아무 소용이 없는 것들이다. 돌아온 주인은 마지막에 얼마나 남겼는지 이 한 가지만 질문했다는 것을 잊지 말아야 한다. 주인은 "너는 참으로 영적이구나. 겸손하구나. 가난하지만 만족하면서 살았구나."라고 칭찬하지 않았다.

우리에게 인생은 기회다. 천국은 침노하는 자와 같이 취하는 것이다. 시간은 모두에게 똑같이 주어졌다. 새벽에 일어나서 새벽기도를 하는 사람도 있고, 한 시간 일찍 출근해서 어학 공부를 하는 사람도 있다. 은퇴에 대비해서 자격증을 준비하는 사람도 있다. 자기에게 주어진 시간을 어떻게든 사용할 수 있다. 그러나 하나님의 나라를 위하여 무엇을 할 것인가는 각자가 연구하고 찾아내야 하는 것이다.

제 5 장

왕의 계명과 보장

신명기 17장을 보면, 하나님이 택한 자를 왕으로 세우라고 했다. 즉, 하나님이 기름부으신 자가 왕이 되는 것이다.

신 17:14-15
네가 네 하나님 여호와께서 네게 주시는 땅에 이르러 그 땅을 차지하고 거주할 때에 만일 우리도 우리 주위의 모든 민족들 같이 우리 위에 왕을 세워야겠다는 생각이 나거든 네 하나님 여호와께서 택하신 자를 네 위에 왕으로 세울 것이며

사울 왕은 투표를 해서 세워진 왕이 아니다. 하나님은 당시 사무엘이라는 선지자를 통해서 사울을 왕으로 세웠다. 두 번째 왕 다윗도 하나님이 세우셨다. 하나님은 왕에게 기름부어주셨다. 다윗에게는 세 번 기름부으셨다.

하나님은 목사만 기름부어서 귀하게 쓰는 것이 아니다. 왕의 역할을 하는 성도들도 택한 사람들이고, 그들에게도 기름부으신다. 우리 모두는 성령의 기름부음을 받았다. 당신은 왕으로 기름부음을 받았다는 사실을 확실히 믿게 되기를 바란다. 이제 하나님이 택한 왕에게 주신 계명을 보자.

왕의 계명

병마를 많이 두지 말라
(세상과 타협하지 말라)

병마를 많이 두지 말라는 것이 왕에 대한 첫 번째 계명이다. 병마를 많이 두기 위해 즉, 성공에 대한 집착 때문에 세상과 타협하지 말라는 말씀이다. 병마란 전쟁터에서 쓰는 말을 말한다.

> 신 17:16
> 그는 병마를 많이 두지 말 것이요 병마를 많이 얻으려고 그 백성을 애굽으로 돌아가게 하지 말 것이니 이는 여호와께서 너희에게 이르시기를 너희가 이 후에는 그 길로 다시 돌아가지 말 것이라 하셨음이며

욥기를 보면 욥이 부자라는 말은 없고, 양이 몇 마리, 소가 몇 마리라고 되어 있다. 그것이 당시 부의 기준이었다. 이처럼 나라가 부하고 군대가 강하다는 것을 아는 것은 전쟁터에서 쓸 수 있는 큰 말을 얼마나 가지고 있는지가 척도가 된다.

왕에게 병마를 많이 두지 말라고 했는데, 왕이 전쟁을 하려면 병마가 많이 있어야 한다. 병마가 많지 않으면 전쟁에서 이길 수 없다. 그런데 이 병마를 많이 얻기 위해서 애굽으로 가지 말라는 것이다.

우리는 세상에 나가서 돈을 벌고, 회사에서 승진도 해야 한다. 세상을 다스려야 하기 때문이다. 그렇게 해서 많은 그리스도인들이 복음사업가가 되어야 한다. 그러나 성공과 재물에 대한 집착 때문에 하나님이 기름부으신 그 왕의 사명을 온전히 감당하지 못하고 세상과 타협하지 말라는 것이다.

하나님은 병마를 얻으려고 절대 애굽으로 가게 해서는 안 된다고 하셨다. 그리스도인이 승진하려고, 돈 좀 더 벌려고, 하나님의 방법으로 하지 않고 세상과 타협하면서 살아서는 안 된다는 것이다. 그렇게 해서 병마를 많이 얻는 것은 하나님이 바라시는 것이 아니라는 것이다. 이사야서에도 이와 같은 말씀이 있다.

사 31:1
도움을 구하러 애굽으로 내려가는 자들은 화 있을진저 그들은 말을 의지하며 병거의 많음과 마병의 심히 강함을 의지하

고 이스라엘의 거룩하신 이를 앙모하지 아니하며 여호와를
구하지 아니하나니

이사야서에는 좀 더 구체적으로 말씀하고 있다. 병마가 많으면 그것의 강함을 의지하여 여호와를 앙모하지 않고, 그분을 찾지 않으니 문제가 생긴다는 것이다. 세상과 타협하여 성공하고 재물을 많이 모으면, 하나님을 사모하지 않게 되고, 하나님의 도움을 구하지 않게 되고, 하나님을 철저하게 섬기지 않게 된다는 것이다.

목사가 부정에 연루되면, 사람들은 목사가 그럴 수 있느냐고 비난한다. 목사만 예수님의 피 값 주고 산 것이 아니다. 모든 성도들은 예수님의 피 값으로 산 것이다. 모든 그리스도인들은 왕으로서 이 계명을 지켜야 한다.

우리는 큰 왕만 되려고만 할 것이 아니라, 과장, 부장을 하더라도 하나님의 방법을 따라야 한다. 우리가 뇌물을 쓰고, 편법을 써서 성공을 이루는 것을 하나님은 싫어하신다. 그리스도인으로서 교회에 많은 헌금을 한다고 하더라도, 그것이 올바른 재물이 아니면 하나님은 노하신다. 하나님은 결코 애굽의 방법을 쓰는 것을 바라지 않으신다.

잠 15:16
가산이 적어도 여호와를 경외하는 것이 크게 부하고 번뇌하는 것보다 나으니라

정직하게 살다가 더 이상 승진 못하면 회사에서 나갈 생각을 해야 한다. 계명을 어기고 하나님 앞에 떳떳하지 못하게 성공하면 무슨 소용이 있겠는가? 잠언 15장 6절의 말씀대로 하나님을 경외하는 것이 부하여 번뇌하는 것보다 낫다.

사울이 하나님의 뜻을 어기는 순간 하나님은 사울을 버리고 다윗을 택하셨다. 사울은 그 이후에도 왕으로 있었지만, 결국 전쟁터에서 비참하게 죽었다. 하나님 앞에 죄책감 없이, 열등감 없이, 떳떳하게 하나님의 나라와 의를 구할 때 하나님은 기뻐하신다. 우리가 하나님의 의를 놓쳐버리고 다시 더럽혀진다면, 아무리 많은 헌금을 한들 무슨 소용이 있겠는가? 목사는 속일 수 있지만 하나님은 속일 수 없다. 병마를 많이 얻으려고 애굽으로 가는 왕이 되어서는 안 된다.

아내를 많이 두지 말라
(마음을 미혹케 하는 것들을 두지 말라)

하나님은 아내를 많이 두어 마음이 미혹되지 말라고 하셨다. 구약시대에 왕이 아내를 많이 두는 것은 불법이 아니었다. 그럼에도 불구하고, 왕은 아내를 많이 두지 말라고 하셨다.

> 신 17:17
> 그에게 아내를 많이 두어 그의 마음이 미혹되게 하지 말 것이며 자기를 위하여 은금을 많이 쌓지 말 것이니라

아내를 많이 두면 마음이 미혹된다는 것인데, 마음이 미혹된다는 것은 무엇인가? 솔로몬의 이야기를 보자. 솔로몬 왕이 일천번제를 드리고 나서 그날 밤에 하나님이 꿈에 나타나셨다. 소 일천 마리를 하나님께 바친 날이다. 그래서 하나님은 솔로몬 왕에게 "내가 너를 위해서 뭘 해주랴?" 하고 물으셨다. 그러자 솔로몬의 마음에 제일 먼저 떠오른 것이 있었다. 그는 듣는 마음을 주어서 하나님의 백성을 재판할 때 선악을 분별할 수 있게 해달라고 말했다.

왕상 3:9
제게 듣는 마음을 종에게 주사 주의 백성을 재판하여 선악을 분별하게 하옵소서

오늘날 신약성경 식으로 해석하면, 성령의 인도를 잘 받게 해달라는 것이다. 성령의 음성을 잘 듣게 해달라는 것이다. 하나님의 음성을 잘 들어서 재판을 잘하게 해달라고 한 것이다. 이 말을 함으로써 솔로몬은 하나님의 마음에 쏙 들게 되었다. 하나님의 마음에 쏙 들자 무슨 일이 일어났는가? 하나님은 "네가 구하지 아니한 부귀와 영광도 네게 주겠다."라고 축복하셨다.

왕상 3:10
솔로몬이 이것을 구하매 그 말씀이 주의 마음에 든지라

왕상 3:13
내가 또 네가 구하지 아니한 부귀와 영광도 네게 주노니 네 평생에 왕들 중에 너와 같은 자가 없을 것이라

하나님의 마음에 들면 부귀와 영광도 따라오는 것이다. 그럼 어떻게 하면 하나님 마음에 들 수 있는가? 그러려면 먼저 하나님을 잘 알아야한다. 어떤 사람의 마음에 들려면 일단 그 사람을 잘 알아야 한다. 일천번제 때문에 솔로몬이 하나님의 마음에 들었다는 이야기는 없다. 하나님의 마음에 든 것은 소를 천 마리 잡은 것이 아니라, 지혜를 달라고 했기 때문이다.

아내를 많이 두면 마음이 미혹된다는 것인데 곧, 중심이 미혹된다는 것이다. 솔로몬이 나중에 하나님의 마음에 드는 사람이 되지 못했다는 것은 잘 알고 있는 사실이다. 하나님의 마음에 들었던 사람이 이방 여인들 즉, 아내를 많이 둠으로써 중심을 잃게 되었다.

왕상 11:1
솔로몬 왕이 바로의 딸 외에 이방의 많은 여인을 사랑하였으니 곧 모압과 암몬과 에돔과 시돈과 헷 여인이라

솔로몬 왕은 모압, 암몬, 에돔, 시돈, 헷 등 각 종족마다 어여쁜 처녀들을 데려다가 자기 부인을 삼았다. 하나님은 일

찍이 이스라엘 자손에게 이르기를 다른 종족과 결혼하지 말라고 하셨다. 그 이유는 그 종족의 배우자들이 이스라엘 백성의 마음을 돌려 그들의 신들을 따르게 할 것이기 때문이라는 것이다. 우상 섬기는 여인과 결혼하면 결국 그 마음이 미혹된다는 것이다.

> 왕상 11:3,4
> 왕은 후궁이 칠백 명이요 첩이 삼백 명이라 그의 여인들이
> 왕의 마음을 돌아서게 하였더라 솔로몬의 나이가 많을 때에
> 그의 여인들이 그의 마음을 돌려 다른 신들을 따르게 하였으
> 므로 왕의 마음이 그의 아버지 다윗의 마음과 같지 아니하여
> 그의 하나님 여호와 앞에 온전하지 못하였으니

솔로몬이 나이가 많이 들었을 때, 그의 여인들은 솔로몬의 마음을 돌려 다른 신들을 따르게 했다. 참으로 안타까운 일이 벌어진 것이다. 자기는 전쟁에 나가지 않았어도 아버지 다윗이 물려준 것으로 하나님의 성전을 건축한 영광을 입고, 그래서 여호와 하나님을 만났고, 하나님의 마음에 들어서 큰 축복을 받고 살아 온 사람이 아내를 많이 둠으로써 그 마음이 미혹되어 그 여인들의 신을 섬기게 된 것이다.

이것은 하나님이 가장 싫어하는 일이다. 시간이 갈수록 하나님을 더욱 경외하고, 하나님을 더욱 사랑하고, 하나님의

마음을 더 알아야 하는데, 이 사람은 갈수록 우상을 숭배하는 사람이 되고 말았다. 이것은 아내를 많이 두지 말라고 하는 하나님의 계명을 어겼기 때문이다.

솔로몬의 사례는 오늘날을 사는 우리와는 상관이 없는 이야기가 아니다. 우리의 마음을 빼앗는 것이 무엇인지 보자. 우리가 하나님의 의를 구하는 것보다 더 사랑하는 것들이 그것이다. 영화든지, TV든지, 골프든지 그 마음을 미혹케 하는 것이 있다면 그것은 바로 아내를 많이 두는 것이다. 그런 것들은 하나님께 가까이 가는 것을 방해하는 마음을 미혹케 하는 것들이다.

자기를 위하여 은금을 많이 쌓아 두지 말라 (하나님을 잊지 말라)

왕의 임무는 공급(Provision)이라고 했다. 세상을 점령하여 하나님의 뜻을 이루는데 필요한 것들을 제공해야 한다. 그래서 사업이 번창하고, 재물도 많이 모아져야 한다. 그러나 자기를 위하여 이것을 쌓아두지 말라고 했다.

신 17:17
그에게 아내를 많이 두어 그의 마음이 미혹되게 하지 말 것이며 자기를 위하여 은금을 많이 쌓지 말 것이니라 사람들은 가난하고, 직업도 없고, 하루 벌어 하루 먹을 때는 십일조를 잘 하다가, 수입이 많아지면 온전하게 십일조를 하지 않는 경우가 많다. 어려울 때는 하나님 앞에 더 드리고 싶은 마음으로 십일조를 하고, 그로 인하여 하나님의 축복을 받는다. 그런데 축복받고 재물이 불어나면 이상하게 인색한 마음을 갖는 것이다. 재물이 늘어날수록 하나님 앞에 더 드릴 수 있는 것을 기뻐하고, 왕의 역할을 잘 할 수 있게 된 것을 기뻐해야 하는데, 그렇지 못한 경우가 많다는 것이다. 왕은 1000억을 벌어서 100억을 하나님 나라의 영광을 위해 쓰는 사람이 되겠다는 꿈을 꾸어야 한다.

잠 30:8-9
곧 헛된 것과 거짓말을 내게서 멀리 하옵시며 나를 가난하게도 마옵시고 부하게도 마옵시고 오직 필요한 양식으로 나를 먹이시옵소서 혹 내가 배불러서 하나님을 모른다 여호와가 누구냐 할까 하오며 혹 내가 가난하여 도둑질하고 내 하나님의 이름을 욕되게 할까 두려워함이니이다

잠언 30장에서 아굴이라는 사람의 기도를 보면 그는 가난하면 도둑질하여 하나님을 욕되게 할까 두렵고, 부하면 하나님을 모른다고 할까 두렵다고 했다. 가난할 때는 십일조를 더 할 수 있도록 해달라고 기도하고, 나중에 돈을 벌고 나면, 하나님이 계시는가? 십일조가 왜 이렇게 많지? 세금을 떼고

줄까? 이런 소리를 한다. 또, 증권 오른 것도 해야 되나? 땅값, 집값 오른 것도 해야 하나? 하고 묻는 사람이 있다. 그것은 목사에게 물어볼 것이 아니라 하나님께 스스로 물어볼 일이다. 누가 그 땅값을 오르게 했으며, 누가 그런 부를 누릴 수 있도록 했는지를 생각해봐야 한다.

구약시대 율법 아래 있는 아굴이라는 사람도 이런 마음을 가졌는데, 예수 그리스도의 피 값 주고 산 우리는 어떻게 살아야 하겠는가?

이처럼 하나님은 왕이 지켜야 할 계명으로 세 가지를 말씀하셨다. 그 세 가지를 하지 말라는 것이다. 병마를 얻기 위해 세상과 타협하지 말며, 아내를 많이 둔 것처럼 마음이 미혹되지 않도록 하며, 자기를 위해 은금을 많이 쌓아 둠으로써 하나님을 잊지 말라는 것이다.

계명을 지키기 위한 방법

계명이 하지 말라고 하는 것들은 이해를 하는데, 문제는 그것을 어떻게 지킬 것인가이다. 신명기 17장을 보면, 하나님은 왕이 되거든 하나님의 말씀을 제사장이 보는 앞에서 기록한 후, 평생 자기 옆에 두고 읽어서 하나님 경외하기를 배우고, 율법의 모든 말과 규례를 지켜서 행하라고 하셨다.

신 17:18-19
그가 왕위에 오르거든 이 율법서의 등사본을 레위 사람 제사장 앞에서 책에 기록하여 평생에 자기 옆에 두고 읽어 그의 하나님 여호와 경외하기를 배우며 이 율법의 모든 말과 이 규례를 지켜 행할 것이라

　신명기의 내용은 3천 년 전의 이야기다. 구약시대에는 양 가죽으로 율법책을 만들었다. 얼마나 귀하겠는가? 당시 율법책은 아무나 볼 수 있는 책이 아니었다. 그러나 오늘날 성경책은 흔히 구할 수 있는 것이고, 와이셔츠 주머니에 쏙 들어가는 MP3 플레이어 하나만 있으면 성경뿐만 아니라 수십, 수백 명의 설교자가 평생 동안 한 설교도 그 안에 모두 들어갈 수 있다. 그래서 버튼만 누르면 언제든지 말씀을 들을 수 있는 시대에 살고 있다. 얼마나 좋은 시대에 살고 있는가?
　그 당시 왕은 율법책을 꼭 가지고 다녔다. 이제 우리도 회사에 출근을 하든지, 전철을 타든지 우리 곁에는 항상 하나님의 말씀이 있어야 한다. 우리가 왕 노릇을 잘하기 위해서는 이 길밖에 없다. 우리가 평생 배워야 되는 게 있다. 바로 하나님 경외하는 것을 배워야 한다. 우리는 남을 통해서만이 아니라, 자신이 직접 성경을 읽고 여호와 경외하기를 배워야 한다. 그러면 그 계명을 지킬 수 있다.

하나님의 보장

하나님의 말씀을 항상 곁에 두고 산다면, 하나님을 경외하게 되며, 하나님의 명령을 떠나 마음이 좌로나 우로 치우치지 않게 된다. 그래서 하나님의 마음에 들면 왕만 잘되는 것이 아니라 그 자녀들까지도 축복을 받는다고 성경을 말하고 있다.

신 17:20
그리하면 그의 마음이 그의 형제 위에 교만하지 아니하고 이 명령에서 떠나 좌로나 우로나 치우치지 아니하리니 이스라엘 중에서 그와 그의 자손이 왕위에 있는 날이 장구하리라

갈렙은 85세의 늦은 나이에 헤브론 땅을 점령했고, 자기와 같은 영을 가진 사위를 맞아들였다. 그리고 아브라함과 이삭이 묻힌 그 헤브론 땅, 가장 귀한 땅을 그의 사위와 딸이 기업으로 물려받았다.

하나님 앞에서 수고하고, 돈을 벌어서 복음을 위해 썼는데 자식은 잘되지 않았다고 하는 사람이 있다면, 그 사람은 스스로 하나님을 정말 잘 섬겼는지 돌아봐야 한다. 섬기는 흉내만 낸 것이 아닌지 돌아봐야할 것이다. 하나님은 우리가 명령을 지키고 살면, 우리가 왕좌를 오래 누리게 할 뿐만 아

니라, 우리의 자손까지 왕위에 있는 날이 장구하게 될 것이라고 약속하셨다.

당신이 그런 사람이 되기 위해서는 하나님의 말씀을 항상 가지고 다니면서 보고, 말씀을 듣고, 또 예배에 나와서 하나님의 비전을 계속 듣는 것을 게을리 하지 않아야 한다. 그러면 당신은 형통한 삶을 살게 되며, 당신의 자녀들도 형통하게 살게 된다는 것이 하나님이 오늘날 왕의 사명을 수행하는 당신에게 보장하신 말씀이다.

제 6 장

왕의 영광

　하나님은 예수님을 우리에게 주셨다. 죄로 말미암아 죽을 수밖에 없는 우리를 사랑하셔서, 우리를 구원해 주시기 위해 아들의 피로 우리를 죄에서 해방하셨다. 그래서 하나님 자녀가 되게 하셨을 뿐만 아니라, 하나님을 위하여 왕과 제사장으로서 삼으셨다.

　이제 성도는 왕이다. 왕은 제사장을 통하여 항상 하나님의 말씀, 하나님의 꿈, 하나님의 계획을 자꾸 들어야 한다. 제사장은 항상 하나님의 음성을 들으면서 하나님의 계시를 받고, 하나님의 비전을 받아서 그 비전을 왕들에게 보여주어야 한다. 그리고 왕들은 그 비전을 이루기 위한 사명을 감당해야 한다. 왕의 사명은 세상에 나가서 전쟁하고, 점령하여 그 비전을 이룰 수 있도록 공급을 해주는 것이다.

우리는 아브람이 가나안 네 왕의 연합군대를 쳐부수고 왔을 때, 멜기세덱 제사장이 축복을 해주는 하나님의 동맹군대를 보았고, 갈렙이 85세가 되도록 평생 동안 여호수아를 보좌해서 하나님이 약속하신 땅을 차지하는 왕의 정신을 보았다. 그리고 하나님의 왕국에서는 왕들이 하나님이 주신 것으로 얼마나 남겼는지를 보고 결산한다는 것을 알았다. 또, 왕이 지켜야할 계명을 보았다. 이 장에서는 마지막으로 왕의 영광은 무엇인지를 보자.

역대상 17장을 보면, 나단 선지자가 다윗 왕에게 하나님의 뜻을 전한다. "내 종 다윗에게 이처럼 말하라." 하나님이 나단에게 지시한 것이다. 땅에서는 다윗이 왕이지만, 하나님 앞에서 그는 단지 종일뿐이다.

> 대상 17:7
> 또한 내 종 다윗에게 이처럼 말하라 만군의 여호와께서 이처럼 말씀하시기를 내가 너를 목장 곧 양 떼를 따라다니던 데에서 데려다가 내 백성 이스라엘의 주권자로 삼고

이새의 아들 중에 여덟째로 막내인 다윗은 원래 양 떼를 따라다니던 목동이었다. 대단한 직업을 가진 것이 아니고, 그 당시 집 안에서 심부름하는 일을 한 것이다. 양을 지키고, 양에게 먹이를 주고, 양들을 따라 다녔던 양치기였다.

하나님은 이 다윗이라는 양치기를 하나님의 백성인 이스

라엘 민족의 왕으로 삼으셨다. 정말 어마어마한 영광이다. 왕의 영광을 말할 때 이보다 더 큰 영광은 없을 것이다. 그리고 그는 늙어죽을 때까지 40년 동안 왕 노릇을 했다.

> 대상 29:26-28
> 이새의 아들 다윗이 온 이스라엘의 왕이 되어 이스라엘을 다스린 기간은 사십 년이라 헤브론에서 칠 년간 다스렸고 예루살렘에서 삼십삼 년을 다스렸더라 그가 나이 많아 늙도록 부하고 존귀를 누리다가 죽으매 그의 아들 솔로몬이 대신하여 왕이 되니라

그 당시 이스라엘이라는 나라는 최대의 번영과 영화를 누렸다. 다윗 왕이 늙도록 부하고 존귀를 누리다가 죽었고, 그 아들 솔로몬이 대신하여 왕이 되었다. 오래 살아도, 부해도 존귀하지 못한 사람들이 얼마든지 있다. 우리 주변에는 사람들에게 존경받지 못하는 부자들이 얼마나 많은가? 또는, 고고하고 청렴하게 사는 것 같지만 나중에 늙어서 병들고, 돈 없어서 자식들에게 신세지고 부담되는 사람들도 참으로 많다. 그러나 다윗 왕은 늙도록 오래 살면서, 부하고, 존귀하게 살다가 죽었다. 이것이 다윗 왕이라는 사람의 생애였다.

시편을 보면 하나님에 대한 다윗의 찬송이 가득하다. 35편을 보면 "그의 종의 형통함을 기뻐하시는 하나님은 위대하시다는 말을 하게 해 주십시오."라고 찬송한다.

시 35:27
그의 종의 형통함을 기뻐하시는 여호와 그는 위대하시다 하는 말을 그들이 항상 말하게 하소서

각종 어려움을 당하거나, 인생이 비참하게 되어서 교회에 오는 사람들이 많다. 그래서 예수님을 만나 구원받고, 은혜를 받고, 하나님을 사랑하게 된다. 물론, 이런 것도 하나님이 기뻐하신다. 탕자가 돌아온 것을 하나님은 참 기뻐하신다.

그러나 정말 하나님이 원하시는 것은 그런 고통을 당하고 나서 하나님께 돌아오는 것이 아니다. 하나님은 그분의 피조물들이 형통한 것을 기뻐하신다. 다윗과 같이 늙도록 부하고, 존귀하며, 그 아들 솔로몬에게 왕권을 물려주는 축복을 누리는 것을 기뻐하신다.

하나님 아버지는 우리가 사고를 당하고, 사업이 망하고, 병들어서 하나님 앞으로 돌아오는 것보다, 그분의 자녀들이 형통하고 잘 되는 것을 기뻐하신다. 당신도 자녀들이 잘되는 것을 기뻐하지 않겠는가?

왕들의 영광

성경을 보면, 대부분의 왕들은 부귀와 존귀를 누렸다. 또,

80, 90세가 넘도록 건강하게 오래 살고, 형통하게 살고, 존귀와 부귀를 누리고, 대를 이은 자식이 자기보다 더 통치를 잘하는 경우도 많이 있다. 그러나 그런 것들을 가지고 다윗의 영광이라고 말하지 않는다.

다윗은 다른 왕들과 무엇이 다른가? 우리는 신약성경을 통해서 그것을 알 수 있다.

아브라함과 다윗의 후손으로 예수님이 오셨다. 아브라함은 이스라엘 민족의 조상이다. 예수님을 이야기할 때, 이 민족의 많은 사람 중에서 딱 한 사람, 바로 다윗 왕을 지명하여 다윗의 후손 예수 그리스도라고 한다. 그것이 다윗이 다른 왕들과 다른 점이다.

마음에 합한 자에게 주시는 영광

성경을 보면 다윗이 쓴 많은 시가 있다. 그 시들을 읽어보면 다윗이 얼마나 하나님을 사랑했는지, 왕이 되어서도 얼마나 겸손했는지, 하나님이 정말 자랑할 만한 사람인지, 그 중심이 잘 나와 있다.

하나님은 다윗에 대해 참 재미있게 표현했다. 하나님은 그를 마음에 합한 자라고 했다.[14] "이새의 아들 다윗을 만나

---

14) 삼상 13:14, 행 13:22 참조. 개역한글판; 마음에 합한(맞는) 자. 개역개정판; 마음에 맞는 자, KJV 또는 NIV; a man after his(my) own heart

니, 내 마음에 쏙 든다."라고 하신 것이다. 그래서 우리는 다윗을 하나님께 가장 사랑 받은 왕, 왕 중의 왕, 왕의 모델로 생각한다.

> 행 13:22
> 다윗을 왕으로 세우시고 증언하여 이르시되 내가 이새의 아들 다윗을 만나니 내 마음에 맞는 사람이라 내 뜻을 다 이루리라 하시더니

천지만물을 창조하신 하나님이 아들 즉, 예수를 보내시고 그의 피로 우리를 사셨다고 했다. 왜 사셨는가? 왕과 제사장으로 삼으려고 우리를 사셨다고 했다. 그 하나님이 자기 맘에 쏙 드는 자를 찾았는데, 그 사람이 다윗이고, 그를 통해 그분의 뜻을 모두 이루겠다고 하셨다.

이 세상의 모든 피조물들은 모두 하나님의 말씀에 따라 순종한다. 동식물이 그러하고, 우주가 그러하다. 그러나 오직 인간만 하나님이 있다, 없다고 하면서 자기 뜻대로 산다. 생각나면 한 번씩 하나님을 찾고, 부요하고 성공할 때는 하나님을 찾지 않고, 하나님이 주신 것의 일부를 드리는 것을 아까워하고, 하나님이 언제 자기를 데려갈지 모르고 영원히 살 것처럼 산다. 이렇게 하나님의 뜻을 자꾸 거역하기 때문에 하나님은 자기 마음에 맞는 사람을 만나서 자기 뜻을 이루려고 하신다.

다윗 왕이 바란 영광 : 하나님의 성전 건축
(왕의 영광 : 하나님의 나라와 의를 구함)

사도행전 13장을 보면, 다윗은 하나님의 뜻을 따라 섬기다가 잠들었다고 했다.

> 행 13:36
> 다윗은 당시에 하나님의 뜻을 따라 섬기다가 잠들어

이것은 다윗의 묘비명이다. 간단한 말 같지만 이것은 가장 위대한 사람의 생애를 표현한 것이다. 당신의 이름을 불러보라. 당신은 이 세상에 단 하나밖에 없는 유일한 존재이다. 그런데 온 세상과 세월을 통틀어 유일무이한 당신이 이 시대에 태어난 것은 하나님께서 이 시대에 당신을 향한 뜻을 가지고 있다는 의미이다.

다윗은 당시 하나님의 뜻을 따라 하나님을 섬기다가 잠들었다. 이제 다윗은 부활을 기다리고 있을 것이다. 이것이 사람이 가질 수 있는 가장 위대한 생애이다.

다윗은 성경 시편의 삼분의 일을 썼다. 그의 시에는 하나님을 사랑하는 마음을, 원수를 미워하는 마음을, 자기가 죄 짓고 뼈가 말라 들어가는 고통 등이 표현되어 있다. 그 중 하나님을 지극히 사모하는 마음이 담긴 27편 4절을 보자.

시 27:4
내가 여호와께 바라는 한 가지 일 그것을 구하리니 곧 내가 내 평생에 여호와의 집에 살면서 여호와의 아름다움을 바라보며 그의 성전에서 사모하는 그것이라

다윗의 영광 즉, 왕의 가장 큰 영광은 부귀도 아니요, 오래 사는 것도 아니요, 40년 동안 왕 노릇한 것도 아니요, 존경받는 것도 아니요, 그 아들이 대를 이은 것도 진정한 영광이 아니었다. 그런 왕들은 많이 있었고 지금도 세상에 많이 있다. 부자, 오래 사는 사람, 존경받는 왕, 대통령, 사장 등 얼마든지 있다.

그러나 다윗 왕의 소원은 무엇이라고 했는가? 그것은 여호와의 집에 평생 살면서, 여호와의 아름다움을 바라보며, 그분을 사모하는 것이라고 했다. 이것이 왕으로 살고, 형통하게 살고, 하나님의 마음에 쏙 들었던 다윗 왕의 소원이었다. 이것이 바로 다윗 왕이 바라는 진정한 영광이었다.

왕의 영광은 나라가 큰 것이 아니다. 칭기즈칸의 영광은 무엇인가? 알렉산더 왕의 영광은 무엇인가? 이런 왕들은 수많은 사람을 죽이고 땅을 정복했지만, 자기도 멸망의 길로 갔다.

대상 29:1
다윗 왕이 온 회중에게 이르되 내 아들 솔로몬이 유일하게 하나님께서 택하신 바 되었으나 아직 어리고 미숙하며 이 공

사는 크도다 이 성전은 사람을 위한 것이 아니요 여호와 하나님을 위한 것이라

다윗 왕의 영광은 여호와 하나님을 위한 집을 짓는 것 즉, 성전을 짓는 것이었다. 성전은 오늘날 신약시대로 말하면 하나님의 나라와 하나님의 의를 구하는 것이다. 그것은 하나님의 나라를 확장하는 일이다. 믿지 않던 영혼이 전도되어 교회에 와서 치유 받고, 가정이 화목해지고, 또 그 사람들이 복 받는 모습을 통해서 다른 불신자들이 교회에 오게 되고, 그들의 부모형제를 데려오고, 이웃을 데려오고 함으로써 하나님의 나라가 확장된다.

그리고 다윗의 소원은 하나님의 아름다움을 바라보는 것이라고 했다. 그것은 하나님과 아름다운 관계를 갖는 것이다. 하나님과 그런 관계를 갖기 위해서는 죄책감, 열등감, 두려움이 없이 하나님께 나아갈 수 있어야 한다. 그러기 위해서는 하나님의 의(righteousness)를 가져야 한다.

거짓말을 하면 하나님과의 관계가 흔들린다. 죄 지으면 하나님과의 관계에 문제가 생긴다. 마음을 다하고, 목숨을 다하고, 뜻을 다하여 하나님을 사랑하라고 했는데, 다른 것을 자꾸 사랑하면 하나님이 싫어하신다. 그래서 하나님은 우리가 먼저 그의 나라와 그의 의를 구하라고 하셨다. 다윗의 경우 그것은 하나님을 위한 성전을 짓는 것이었다.

다윗 왕은 자신은 백향목으로 만든 궁에 사는데 하나님은

천막 속에 계신다고 하면서 성전을 건축할 마음을 가졌다. 그때 하나님은 나단 선지자를 통해 다윗에게 성전을 건축하지 말라고 하셨다.

> 대상 17:1
> 다윗이 그의 궁전에 거주할 때에 다윗이 선지자 나단에게 이르되 나는 백향목 궁에 거주하거늘 여호와의 언약궤는 휘장 아래에 있도다

> 대상 17:4
> 가서 내 종 다윗에게 말하기를 여호와의 말씀이 너는 내가 거할 집을 건축하지 말라.

그러면서 하나님은 다윗의 장래를 예언해주셨다. 하나님은 다윗은 성전을 짓지 못하지만, 다윗을 위해 왕조를 세우고, 그의 아들 즉, 솔로몬을 통해 성전을 짓겠다고 약속하셨다.

> 대상 17:11-12
> 네 생명의 연한이 차서 네가 조상들에게로 돌아가면 내가 네 뒤에 네 씨 곧 네 아들 중 하나를 세우고 그 나라를 견고하게 하리니 그는 나를 위하여 집을 건축할 것이요 나는 그의 왕위를 영원히 견고하게 하리라

대상 17:15
나단이 이 모든 말씀과 이 모든 계시대로 다윗에게 전하니라

하나님은 이러한 이야기를 모두 나단 선지자를 통해 말씀했다. 선지자가 하는 일은 이처럼 하나님의 말씀을 대언하는 것이다. 오늘날은 제사장의 역할을 하는 목사나 사역자들이 이 일을 하고, 왕의 역할을 하는 성도들은 그 교회에 주신 하나님의 뜻과 비전을 이루기 위해 각자의 사명을 감당하는 것이다. 목사는 하나님으로 받은 계시를 전할 의무가 있다. 당신이 하나님의 나라를 위해 가장 쓰임 받기 좋은 곳은 당신이 속한 가정, 직장과 같은 공동체이다. 당신은 교회를 통해서 하나님의 말씀과 계시를 지속적으로 받아서, 당신이 속한 공동체에서 반응하는 것이다.

왕들의 축복

다윗은 선지자로부터 하나님의 말씀을 전해 듣고 너무 감사해서, "하나님, 내가 무엇이기에 오늘 이와 같은 축복을 받고 있는 것입니까?" 하고 여호와께 화답한다.

대상 17:16
다윗 왕이 여호와 앞에 들어가 앉아서 이르되 여호와 하나님

이여 나는 누구이오며 내 집은 무엇이기에 나에게 이에 이르게 하셨나이까

우리가 무엇을 잘했다고 오늘 이 자리에 있게 되었는지 생각해보자. 그리고 우리는 지금 백향목으로 만든 집에 살면서 하나님은 천막에 계시지 않은지를 생각해보자.

다윗은 이어서 하나님께 찬송에 찬송을 거듭하면서 "선지자를 통해 말씀을 듣고, 주의 종이 주 앞에서 이렇게 기도로 간구할 마음이 생겼나이다."라고 말했다.

대상 17:25-27
나의 하나님이여 주께서 종을 위하여 왕조를 세우실 것을 이미 듣게 하셨으므로 주의 종이 주 앞에서 이 기도로 간구할 마음이 생겼나이다 여호와여 오직 주는 하나님이시라 주께서 이 좋은 것으로 주의 종에게 허락하시고 이제 주께서 종의 왕조에 복을 주사 주 앞에 영원히 두시기를 기뻐하시나이다 여호와여 주께서 복을 주셨사오니 이 복을 영원히 누리리이다 하니라

그리고 다윗은 "주께서 이런 복을 주셨으니 누리겠습니다."라고 기도했다. 이처럼 복된 기도가 세상에 또 있겠는가? 하나님은 우리에게 사명만 감당하도록 하신 것이 아니라, 축복도 함께 주셨다. 우리가 각각의 시대에 하나님의 뜻

을 좇아, 하나님 왕국의 사명을 감당하고 살면 하나님은 이렇게 축복해주신다는 것이다.

하나님께서 간구할 마음과 축복을 주셨으니, 이 복을 영원히 누릴 수 있는 그리스도인이 되어야 한다. 이를 위해 가장 중요한 것은 바로 비전을 계속 받는 것이다. 제사장 나단이 전해준 하나님의 말씀과 계시가 다윗 왕의 비전이 된 것처럼, 오늘 당신이 교회를 통하여, 하나님이 이 시대에 당신이 속한 교회에 준 비전이 무엇인가를 알고, 그 비전이 당신의 비전이 될 때, 당신은 그 비전을 이루기 위한 공급자가 되어야 한다는 것을 알 수 있다.

이스라엘은 다윗 시대에 가장 큰 왕국을 건설했다. 하나님은 다윗을 계속 축복해 주셨다. 그가 돌팔매를 던지던 때부터 시작해서, 훌륭한 장군이 된 것, 수많은 전쟁을 하면서 죽지 않고 살아난 것, 40세에 왕이 된 것, 40년 동안 왕으로 산 것 등 이 모든 것은 하나님이 그분의 뜻을 그 시대에 이루기 위하여 다윗에게 허락한 축복이었다.

대상 29:2
내가 이미 내 하나님의 성전을 위하여 힘을 다하여 준비하였나이다

다윗이 왕이 된 후 준비한 것은 모두 성전을 건축하기 위한 것이었다. 힘을 다하여 준비한 것이 무엇인지 성경에 잘

나와 있다. 금, 은, 철, 나무, 마노, 각종 보석과 색깔 있는 돌 등이라고 했다. 그리고 오빌이라는 곳에서 캔 금 삼천 달란트, 은 칠천 달란트라고 했다. 엄청난 금과 은이 준비된 것이다. 오늘날의 화폐가치로 따지면 천문학적인 숫자가 될 것이다. 그러니 성전 벽에 입힐만한 양이 된 것이다.

대상 29:3-4
성전을 위하여 준비한 이 모든 것 외에도 내 마음이 내 하나님의 성전을 사모하므로 내가 사유한 금, 은으로 내 하나님의 성전을 위하여 드렸노니 곧 오빌의 금 삼천 달란트와 순은 칠천 달란트라 모든 성전 벽에 입히며

다윗은 평생 전쟁하고, 평생 저축하고, 평생 왕으로 있으면서 모은 모든 것을 성전 건축을 위해 하나님께 드렸다. 이것이 바로 하나님의 마음에 합한 다윗의 모습이다. 그리고 모든 가문과 지도자들과 신하들이 즐거이 따라 드렸다고 했다.

대상 29:9
백성들은 자원하여 드렸으므로 기뻐하였으니 곧 그들이 성심으로 여호와께 자원하여 드렸으므로 다윗 왕도 심히 기뻐하니라

다윗은 하나님의 뜻을 쫓아 섬기다가 죽었다. 당신이 왕으로서 이 교회를 향한 하나님의 비전을 당신의 것으로 삼고, 그 비전을 이루기 위하여 당신의 마음과 모든 것을 다 드리고 살다가 떠나는 것이 하나님이 당신에게 주신 최고의 영광이요, 최고의 축복이다. 다윗의 삶을 통해 왕의 영광이 무엇인지, 그가 어떤 마음으로 살았는지, 그리고 하나님이 다윗에게 주신 축복이 무엇인지를 깨달아서, 우리가 왕의 영광과 축복을 누리게 되길 바란다. 하나님은 다윗이 누렸던 영광과 축복을 우리에게도 부어주시길 원하신다.

왕들의 감사

다윗은 성전 건축을 힘을 다하여 준비하고 감사의 기도를 했다. "내 백성이 무엇이기에 이렇게 즐거운 마음으로 드릴 수 있겠습니까? 이것은 모두 하나님으로부터 말미암은 것이기 때문입니다. 우린 하나님으로부터 받은 것을 돌려드렸을 뿐입니다."라고 감사했다.

대상 29:14
나와 내 백성이 무엇이기에 이처럼 즐거운 마음으로 드릴 힘이 있었나이까 모든 것이 주께로 말미암았사오니 우리가 주의 손에서 받은 것으로 주께 드렸을 뿐이니이다 예수 믿지 않는 사람이 노력해서 성공하면 자수성가했다고 한다. 양 떼를 따르던 다윗을 데려다가 왕으로 삼으신 분은 하나님이다. 그가 돌을 집어서 골리앗에게 던졌지만 맞게 하신 분은 하나님이다. 수많은 전쟁에서 그를 지켜주신 분은 하나님이다. 간음하고 살인한 자를 용서해 주시고 왕으로서 계속 통치하게 해서 간음한 밧세바의 아들을 왕으로 세운, 자비와 용서가 끝이 없으신 분이 하나님이다. 그래서 그는 "이 모든 것은 주님으로부터 받은 것입니다. 그래서 주의 손에서 받은 것을 주님께 돌려드렸습니다."라고 감사했던 것이다.

그리고 왕으로서 부귀영화를 누렸던 다윗은 하나님 앞에서 우리 모두는 왕이든지, 거지든지, 다 나그네로 살다가 그림자 같이 사라지는 인생들이라고 고백한다.

> 대상 29:15
> 우리는 우리 조상들과 같이 주님 앞에서 이방 나그네와 거류 민들이라 세상에 있는 날이 그림자 같아서 희망이 없나이다

누구에게나 사라지는 인생이다. 그런데 이 사라지는 인생이 할 일은 무엇인가를 다윗이 보여주었다.

우리는 왕으로서 다윗의 생애를 보았다. 하나님의 마음에 쏙 든 사람, 하나님이 그 뜻을 이룰 수 있었던 사람, 하나님으로부터 부귀와 영화와 장수와 존경과 축복을 받은 사람을

보았다. 그리고 하나님께 감사하면 모든 것을 바친 왕의 모습을 보았다. 그것이 우리의 모습이 되기를 바란다.

끝으로, 성경에 기록된 다윗의 마지막 기도를 보자. 다윗은 사람들의 마음에 자기와 같은 마음이 있기를 기도했다.

> 대상 29:18-19
> 우리 조상들 아브라함과 이삭과 이스라엘의 하나님 여호와여 주께서 이것을 주의 백성의 심중에 영원히 두어 생각하게 하시고 그 마음을 준비하여 주께로 돌아오게 하시오며 또 내 아들 솔로몬에게 정성된 마음을 주사 주의 계명과 권면과 율례를 지켜 이 모든 일을 행하게 하시고 내가 위하여 준비한 것으로 성전을 건축하게 하옵소서 하였더라

하나님의 뜻이 이 땅에 다 이루어지면 예수님 오실 것이다. 그때까지 우리가 하다가 못한 것은 우리의 자녀가 이룰 것이다. 그들의 부모가 왕과 제사장의 사명을 감당하고 살아온 것을 본 자녀들이 그 일을 할 것이다. 그들을 위해 다윗의 이 같은 기도보다 더 좋은 기도가 어디 있겠는가? 당신의 자녀들이 좋은 학교에 가고, 취직을 잘하고, 결혼을 잘하기를 간구하는 기도도 필요하겠지만, 왕의 영광과 축복을 누리기를 간구하는 기도보다 더 좋은 기도는 없을 것이다.

오늘 당신의 자녀에 대한 왕의 기도는 "제게 하나님께 온 힘을 다하는 정성된 마음을 갖도록 해주시고, 하나님을 향

한 저의 이런 마음을 제 자식들에게도 주셔서 하나님의 말씀을 지켜 행하게 하시고, 하나님의 뜻을 이루기 위해 제가 평생 동안 해왔던 일을 제 자식들도 하게 해주시기를 원합니다."가 되어야 할 것이다. 다윗이 했던 기도가 바로 이것이다.

맺음말

　이 시대를 사는 그리스도인들은 예수 그리스도께서 우리를 사랑하사 그분의 피로 우리를 구원하시고, 하나님의 자녀가 되게 하셨을 뿐만 아니라, 이 땅에서 하나님의 뜻을 이루기 위하여 우리를 왕과 제사장으로서 삼으셨다는 것을 기억해야 한다.

　특히, 왕으로 부르심을 받은 성도들은 왕으로서 사명을 다하고, 왕으로서 계명을 지켜 행하며, 왕의 영광이 무엇이며, 그것이 얼마나 복된 것이라는 것을 알고 이 땅에서 주님과 동행하는 귀한 삶을 살아야 할 것이다. 그리고 그 영광이 이 세대에서 끝나는 것이 아니라 자녀에게도 이어질 수 있도록 해야 할 것이다.

　끝으로, 우리를 피로써 구원해주시고, 하나님의 아름다운 덕을 선포하며 살도록 왕과 제사장의 사명과 영광을 주신 우리 주 예수 그리스도를 찬양하며, 왕의 기도로 이 책을 마무리한다.

하나님 아버지,
나를 왕으로 삼아주시니 감사합니다.
나는 하나님의 왕국을 건설할 왕입니다.
나는 제사장을 통해 보여주신 비전을 이루는 왕입니다.
내가 속한 교회의 비전이 바로 나의 비전입니다.
내가 차지할 산지를 보여주소서.
내가 왕으로서 나가서 다스리게 하소서.
하나님이 대적들을 나의 손에 붙이실 것을 믿습니다.
나의 경주를 막을 자가 없고,
나의 왕관을 빼앗을 자가 없습니다.
하나님의 말씀을 붙잡아 믿음으로 충성하기를 원합니다.
예수님의 이름으로 기도합니다.
아멘.

저자에 관하여

김진호 목사는 충북 제천에서 태어났으며 육군사관학교를 31기로 졸업했다. 미국으로 유학하여 위스콘신 주립대학 경영대학원(경영정보석사) 및 필립스 신학대학원(M. Div.)을 졸업했고, 미국 털사에 소재한 레마성경훈련소에서 1년간 수학했다.

1989년 10월 서울 가락동에서 세계 선교의 비전을 가지고 예닮교회를 개척하였고, 1993년 예배당이 분당으로 이전된 이래 분당예닮교회를 섬기면서 2년 과정의 예수선교사관학교를 열었다. 2007년 용인시 마북동에 예닮선교센터가 설립됨에 따라 그곳에서 담임목사 및 예수선교사관학교 교장으로 사역하고 있으며, 믿음의 말씀사를 통해 출판 사역을 병행하고 있다. 가족은 동역자인 부인 최순애와 딸 보라가 있다.

저서로는 '새롭고 풍성한 삶', '나의 사랑 나의 교회여'가 있고, 번역서로는 '믿는 자의 권세', '하나님 가족의 특권', '믿음의 계단', '성령의 삶 능력의 삶', '두 가지 의', '승리하는 믿음', '행동하는 신자들', '사랑' 등이 있다.

믿음의 말씀사 출판물 소개

홈페이지 : www.jesuslike.org

케네스 해긴의 「믿음 도서관」책들 케네스 해긴 지음 · 김진호 옮김

- 믿는 자의 권세 (생애기념판) (양장본 신국판 264 p / 값 13,000원)
- 당신이 알아야 하는 신유에 관한 일곱 가지 원리 (국판 112 p / 값 5,000원)
- 기도의 기술 (국판 208p / 값 7,000원)
- 인간의 세 가지 본성 (증보판) (국판 128p / 값 5,500원)
- 어떻게 하나님의 영으로 인도받을 수 있는가? (국판 192 p / 값 7,000원)
- 믿음의 계단 (국판 240p / 값 8,500원)
- 마이더스 터치 (신국판 192p / 값 8,000원)
- 당신을 향한 하나님의 계획 (국판 240p / 값 8,500원)
- 하나님 가족의 특권 (국판 176p / 값 6,500원)
- 나는 환상을 믿습니다 (국판 192p / 값 7,000원)
- 하나님의 계획과 목적과 추구 (국판 224 p / 값 8,000원)
- 역사하는 기도 (국판 256p / 값 9,000원)
- 병을 고치는 하나님의 말씀 (국판 184 p / 값 7,000원)
- 영적 성장 (국판 192p / 값 7,000원)
- 치유의 기름부음 (국판 344p / 값 10,000원)
- 크게 성장하는 믿음 (국판 160p / 값 6,000원)
- 신선한 기름부음 (국판 160p / 값 7,000원)
- 예수 열린 문 (국판 216p / 값 8,000원)
- 믿음이란 무엇인가 (국판 64p / 값 2,500원)
- 진짜 믿음 (국판 56p / 값 2,000원)
- 기름부음의 이해 (국판 264p / 값 9,000원)
- 그리스도께서 지금 하고 계시는 일 (국판 64p / 값 2,500원)
- 그리스도 안에서 (문고판 48 p / 값 1,000원)
- 새로운 탄생 (문고판 48p / 값 1,000원)
- 방언기도의 능력을 풀어 놓으라 (문고판 64 p / 값 1,200원)
- 재정 분야의 순종 (문고판 48p / 값 1,000원)

- 말 (문고판 48p / 값 1,000원)
- 나는 지옥에 갔다 왔습니다 (문고판 48p / 값 1,000원)
- 하나님의 처방약 (문고판 48p / 값 1,000원)
- 더 좋은 언약 (문고판 48p / 값 1,000원)
- 옳은 사고방식 틀린 사고방식 (문고판 64p / 값 1,200원)
- 속량 - 가난, 질병, 영적 죽음에서 값 주고 되사다 (문고판 64 p / 값 1,200원)
- 예수의 보배로운 피 (문고판 48p / 값 1,000원)
- 하나님을 탓하지 마십시오 (문고판 48p / 값 1,000원)
- 네 주장을 변론하라 (문고판 48p / 값 1,000원)
- 셀 모임에서 성령인도 받기 (문고판 48p / 값 1,000원)

기타 「믿음의 말씀」 설교자의 책들

- 성령의 삶 능력의 삶 (데이브 로버슨 지음 · 김진호 옮김 / 국판 480p / 값 13,000원)
- 왕과 제사장 (김진호 지음 / 국판 136p / 값 6,500원)
- 믿음의 반석 (최순애 지음 / 국판 352p / 값 12,000원)
- 위글스워스 : 하나님과 함께 동행했던 사람 (조지 스토몬트 지음 · 김진호 옮김 / 국판 192p / 값 7,000원)
- 위글스워스 : 하나님의 능력으로 불타오른 삶 (윌리엄 허킹 지음 · 김진호 옮김 / 국판 104p / 값 5,000원)
- 복을 취하는 법 (R.R.쏘아레스 지음 · 김진호 옮김 / 국판 128p / 값 5,500원)
- 믿음의 말씀 고백 기도집 (잔 오스틴 지음 · 김진호 옮김 / 46판 136p)
- 행동하는 신자들 (T. L. 오스본 지음 · 김진호 옮김 / 46판 112p / 값 4,000원)
- 기적 - 하나님 사랑의 증거 (T.L. 오스본 지음 · 김진호 옮김 / 46판 144p / 값 4,500원)
- 믿음으로 사는 삶 (코넬리아 나쥼 지음 · 신현호 옮김 · 김진호 추천 / 46판 176p / 값 6,000원)
- 승리하는 믿음 (스미스 위글스워스 지음 · 김진호 옮김 / 46판 112p / 값 4,000원)
- 하나님의 사랑의 흐름 (잔 오스틴 지음 · 김진호 옮김 / 46판 48p)
- 견고한 진 무너뜨리기 (잔 오스틴 지음 · 김진호 옮김 / 46판 48p)
- 초자연적인 흐름을 따르는 법 (잔 오스틴 지음 · 김진호 옮김 / 46판 96p)
- 그리스도 안에 있는 나를 인정하기 (마크 행킨스 지음 · 김진호 옮김 / 문고판 48p / 값 1,000원)
- 100개의 신유 진리 (티 엘 오스본 지음 · 김진호 옮김 / 문고판 48p / 값 1,000원)

Jesus Mission Academy
예수 선교 사관학교

당신을 향한 '하나님의 계획'을 찾아 이루고 싶지 않으십니까?

당신은 인생에서 이런 것들을 원하지 않습니까?
- 당신의 삶을 향한 하나님의 최고의 계획을 찾아 살 수 있습니다.
- 셀 교회 원리를 체득하여 교회개척의 프론티어가 될 수 있습니다.
- 새 언약의 비밀인 새로운 피조물의 실체를 확실히 깨달을 수 있습니다.
- 하나님의 영으로 인도받으며 그 흐름을 따르는 법을 배울 수 있습니다.
- 성령의 삶 능력의 삶을 사는 하나님의 군대의 장교가 될 수 있습니다.

예수 선교 사관학교가 당신을 그 곳으로 인도할 것입니다.
- 열매로 검증된 강사들
- 현장 실습과 체험적 지식
- 셀 교회 선교 네트워크와 연결
- 다른 사람에게 가르칠 수 있는 내용

예수 선교 사관학교는 당신을 위해 하나님이 세우신 훈련소입니다.
'셀 교회 개척과 번식 원리' 라는 가죽 부대 안에 케네스 해긴 목사님이 세우신 미국 털사의 레마 성경 훈련소에서 가르치는 '믿음의 말씀' 이라는 새 포도주를 레마 출신 현역 사역자들이 배달할 것입니다.

Jesus Mission Academy
예수선교사관학교

경기도 성남시 분당구 이매동 137-3
TEL : 031) 703-2294
http://www.jesuslike.org